데이터 시각화 디자인

데이터 시각화의 원리부터 실전 사례까지

데이터 시각화 디자인

데이터 시각화의 원리부터 실전 사례까지

지은이 나가타 유카리

옮긴이 김연수

펴낸이 박찬규 엮은이 전이주 디자인 북누리 표지디자인 아로와 & 아로와나

펴낸곳 위키북스 전화 031-955-3658, 3659 팩스 031-955-3660

주소 경기도 파주시 문발로 115 세종출판벤처타운 311호

가격 22,000 페이지 244 책규격 175 x 235mm

초판 발행 2021년 03월 04일

ISBN 979-11-5839-249-9 (93000)

등록번호 제406-2006-000036호 등록일자 2006년 05월 19일

홈페이지 wikibook.co.kr 전자우편 wikibook@wikibook.co.kr

데이터 시각화 디자인

데이터 시각화의 원리부터
실전 사례까지

나가타 유카리 지음

김연수 옮김

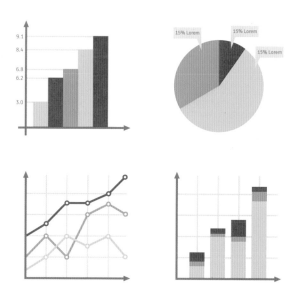

위키북스

들어가며

이 책은 특정한 비즈니스에 국한하지 않고 데이터를 시각화(비주얼라이제이션)할 기회를 가진 모든 분들을 대상으로 썼습니다. 소위 '대시보드(dashboard)'라는 것을 만드는 분들이나 일상적인 업무를 하면서 'Excel을 이용해 표를 그래프로 그리기 위해 어떤 그래프를 활용하는 것이 가장 좋을까?' 고민하는 분들을 위해 쓴 책입니다.

필자는 광고 에이전시, 제조업이나 대기업 컨설팅 회사, 금융 기관 등 여러 고객을 대상으로 데이터 활용 전략 설계나 대시보드 UI/UX, 데이터 시각화 디자인에 관한 컨설팅을 했고 그 조직 전체나 고객이 제품으로 사용하는 대시보드를 만들었습니다.

또한 IT 서비스업이나 채용 서비스업, EC 서비스업, 금융 업계 클라이언트 등 약 1800명을 대상으로 기업용 시각화 분석(visual analytics) 교육과 워크숍을 진행했습니다. 그 과정에서 클라이언트들로부터 질문을 받으며 많은 의견을 나누었습니다.

이런 과정을 통해 '데이터 시각화에 있어서 사람은 무엇에 이끌리는가?', '사람은 어떤 사고를 하며, 어떻게 무의식적으로 불필요한 일을 하는가?'와 같은 것들이 점점 보이기 시작했습니다. 필자 또한 혼신을 다해 만든 대시보드를 오디언스에게 전혀 보여주지 못했거나 데이터 분석 혹은 데이터 시각화 결과 재미있는 지표가 나왔음에도 불구하고 전달하지 못해 후회한 경험이 많습니다.

이 책은 이런 필자의 경험을 기반으로 정리하고 분석해서 핵심을 뽑아내고, 구체적인 사례 및 그림과 함께 가능한 자세히 설명했습니다. 그리고 현장에서 자주 들리는 질문에 관한 답을 모아두었으므로 어떤 의미에서는 'FAQ' 모음이기도 합니다. 단, Answer를 가능한 세세하게 설명하는 데 노력을 기울였습니다.

이 책은 다음과 같이 구성되어 있습니다.

1장 데이터 시각화의 '기본 중 기본'

1장에서는 2장과 3장의 내용을 이해하기 위해 필요한 기초 지식을 설명합니다. 여러분이 데이터 시각화의 기초적인 개념을 잘 알고 있다고 생각한다면 건너 뛰어도 좋습니다. 하지만 2장과

3장의 내용은 1장에서 설명한 시각화 특성 및 데이터 타입에 관한 지식을 갖추었음을 전제로 합니다.

2장 이것만 알면 여러분도 전문가!

2장에서는 조금만 신경써도 초보자의 모습을 벗어날 수 있는 포인트를 콕 집어 설명했습니다. 내일부터라도 곧바로 여러분의 데이터 시각화 퀄리티를 높여줄 수 있는 구체적인 방법을 모았습니다.

3장 목적에 맞는 차트 선택하기

3장에서는 표현하고자 하는 대상별로 적절한 차트를 설명하고, 추가로 '해서는 안 될 것'의 몇 가지 패턴을 소개합니다. 해서는 안 될 것의 구조나 이유를 앎으로써 그래프를 이해하는 능력이 한층 향상될 것입니다.

4장 사례로 배우는 대시보드 만들기

필자가 실제 컨설팅 과정에서 만든 대시보드, 교육이나 워크숍에서 사용한 케이스를 사례로 들어 설명합니다. 비즈니스 영역에서의 사용 사례 또한 구체적으로 설명하므로, 여러분의 비즈니스 상황에 맞도록 데이터 시각화를 적절하게 할 수 있도록 합니다.

5장 조직에 뿌리를 내리기 위해

데이터 시각화는 '힘을 넣어야 할 곳'과 '용기를 내서 힘을 빼야할 곳'을 알고, 또한 오디언스를 인식하면 누구나 자신이 전하고자 하는 메시지를 효과적으로 전할 수 있습니다. 이 장에서는 이를 좀 더 가속화하는 힌트를 담았습니다. 이 힌트를 알면 여러분의 데이터 시각과 생활이 틀림없이 한층 즐거워질 것입니다.

이 책은 '데이터 시각화'에 관해 다루는 책이므로 이 이상 글자로 설명하는 것은 촌스럽게 느껴질 것입니다. 이제 여러분이 책을 읽어 보면서, 어떤 책인지 실제로 확인해 주시면 좋겠습니다.

2020년 2월

나가타 유카리

이 책에서 사용하는 용어

데이터 시각화

'데이터 가시화' 혹은 '데이터 비주얼라이제이션(Data Visualization)'이라고도 부릅니다. 이 책에서는 특히 사람의 시각 정보 처리 특성을 고려해, 정보 전달을 수행하는 것을 가리킵니다. 정보에는 다양한 종류가 있지만 이 책에서는 특별히 데이터를 이용한 시각화에 초점을 맞췄습니다.

BI(Business Intelligence), BI 도구

대량의 데이터를 간단하게 시각화함으로써 기업에서의 신속한 의사 결정을 지원하기 위한 도구입니다. 대표적인 BI 도구로는 태블로(Tableau), 퀵 센스(Quick Sencse), 파워 BI(Power BI), 마이크로스트래티지 애널리틱(MicroStrategy Analytic), SAS 등이 있습니다.

차트(Chart)

이 책에서는 데이터를 시각화한 것으로 인코딩(encoding)한 표현을 의미합니다. 또한, 소위 그래프 형식으로 나타낸 것을 이 책에서는 '차트 타입(chart-type)'이라고 부릅니다. 이를 '그래프' 또는 '그래프 형식'이라고 부르기도 하지만 이 책에서는 보다 넓은 의미에서의 '표현 형식'을 가리킵니다.

오디언스(Audience)

여러분이 데이터 시각화를 활용해 메시지나 의견을 전달하고자 하는 대상을 의미합니다.

퍼널(Funnel)

마케팅 사고 방식의 하나로 소비자가 구입할 때까지의 의식의 변화를 그림으로 나타낸 것을 의미합니다. 대표적인 퍼널로는 '구매 퍼널(Purchase Funnel)'이 있으며 ① 인식 → ② 흥미/관심 → ③ 비교/검토 → ④ 구입/신청과 같이 계약의 성공으로 흘러가는 상태를 나타냅니다.

KPI

'Key Performance Indicator'(핵심 성과 지표)의 약자입니다. 일반적으로 조직에서 달성해야 할 중요한 지표를 의미하며 기업 목표 달성도를 평가하는 지표입니다.

대시보드(Dashboard)

대시보드라는 용어의 정의는 사람마다 다르게 내릴 것입니다. 매우 널리 사용되고 있으며 전문가들 또한 다양한 정의를 내리고 있습니다.

하지만 이 책에서는 대시보드를 '데이터를 보고 이해를 촉진시키는 시각적 표현'이라고 정의했습니다. 즉, 다음과 같은 예시들은 모두 '대시보드'에 포함할 수 있습니다.

- 회사 안의 모든 구성원이 보는 지역별. 부서별 경비 목록

- 매일 아침 관리자나 임원들에게 메일로 전송되는 주요 경영 지표

- 영업 담당자가 고객에게 보여주는 전년 대비 성과표

■ 다양한 대시보드 예시

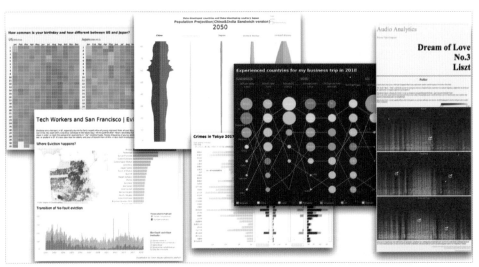

1 장
데이터 시각화의 '기본 중 기본'

2 장
이것만 알면 여러분도 전문가!

3 장
목적에 맞는 차트 선택하기

4장
사례로 배우는 대시보드 만들기

5장
조직에 뿌리를 내리기 위해

데이터 시각화의 '기본 중 기본'

....

'데이터 시각화'란 그저 손에 쥔 데이터를 그래프로 만드는 것이 아닙니다. 데이터를 시각화한들 그 안에서 사람이 중요한 정보를 읽어낼 수 없다면 아무 의미가 없습니다.

사람이 중요한 정보를 읽어낼 수 있는 데이터 시각화여야 데이터 시각화로서 쓸모가 있습니다. 그렇다면 어떻게 확실히 '쓸모 있는' 데이터 시각화를 할 수 있을까요?

쓸모 있는 데이터 시각화를 위해서는 데이터 이전에 사람의 인지 시스템을 이해해야 합니다. 그 시스템에 맞춰 이해하기 쉽게 시각화되어 있어야 비로소 데이터에 숨어있는 경향을 읽어낼 수 있기 때문입니다.

데이터 시각화란 '데이터에 숨어있는 중요한 정보를 사람의 시각-인지 뇌 신경계가 쉽게 찾아낼 수 있게 데이터 표현 형식을 바꾸는 것'이며, 데이터 표현 형식을 해킹해 사람의 정보 이해 능력을 촉진하는 기술 체계입니다.

1-1 데이터 시각화의 목적

왼쪽 그림에는 숫자 9가 몇 개 있을까요? 이 경우 숫자를 세는 것이 큰일입니다. 그렇다면 오른쪽 그림에서는 어떤가요?

■ 9가 몇 개 있을까요?

1	9	1	3	3	6	8	7	8	3		1	**9**	1	3	3	6	8	7	8	3
5	4	3	7	2	6	8	2	8	3		5	4	3	7	2	6	8	2	8	3
9	2	1	6	4	4	6	9	6	1		**9**	2	1	6	4	4	6	**9**	6	1
5	9	3	9	3	6	4	4	5	3		5	**9**	3	**9**	3	6	4	4	5	3
7	9	4	6	6	1	6	6	9	3		7	**9**	4	6	6	1	6	6	**9**	3
5	8	5	4	2	1	7	4	9	7		5	8	5	4	2	1	7	4	**9**	7
1	3	3	7	3	2	5	2	6	2		1	3	3	7	3	2	5	2	6	2
4	7	3	9	2	2	1	4	5	2		4	7	3	**9**	2	2	1	4	5	2
5	6	1	7	9	7	3	4	3	5		5	6	1	7	**9**	7	3	4	3	5
9	8	2	1	7	6	3	4	8	5		**9**	8	2	1	7	6	3	4	8	5

곧바로 9가 몇 개인지 알 수 있을 것입니다.

또 다른 예시를 봅니다. 다음은 4개 그룹(A, B, C, D)의 데이터를 늘어놓은 표입니다.

■ 4개의 숫자 그룹

그룹 A		그룹 B		그룹 C		그룹 D	
X	Y	X2	Y3	X4	Y5	X6	Y7
10.00	8.04	10.00	9.14	10.00	7.46	8.00	6.58
8.00	6.95	8.00	8.14	8.00	6.77	8.00	5.76
13.00	7.58	13.00	8.74	13.00	12.74	8.00	7.71
9.00	8.81	9.00	8.77	9.00	7.11	8.00	8.84
11.00	8.33	11.00	9.26	11.00	7.81	8.00	8.47
14.00	9.96	14.00	8.10	14.00	8.84	8.00	7.04
6.00	7.24	6.00	6.13	6.00	6.08	8.00	5.25
4.00	4.26	4.00	3.10	4.00	5.39	11.00	12.50
12.00	10.84	12.00	9.13	12.00	8.15	8.00	5.56

그룹 A		그룹 B		그룹 C		그룹 D	
X	Y	X2	Y3	X4	Y5	X6	Y7
7.00	4.82	7.00	7.26	7.00	6.42	8.00	7.91
5.00	5.68	5.00	4.74	5.00	5.73	8.00	6.89

이 숫자들이 전하고자 하는 것은 무엇일까요?

이 데이터셋은 X와 Y라는 2개의 숫잣값이 조합되어 하나의 데이터를 의미합니다. 이런 숫자가 11개 모여서 한 그룹을 구성합니다. 이 4개 그룹은 각각 어떤 경향을 나타낼까요?

나열된 숫자에서 경향을 읽는 것은 많은 수고가 들고 번거롭게 느껴집니다. 확실히 이 상태로는 경향을 읽기가 어렵습니다. 이럴 때 일반적으로는 경향을 읽기 위해 무엇을 할까요?

그래프나 숫자를 보고 '그룹 A보다 그룹 B에 큰 숫자가 많다' 혹은 '그룹 B보다 그룹 C의 편차가 크다' 등은 말할 수 있지만, 이는 다소 모호하며 주관적이기도 합니다. 보다 객관적으로 경향을 파악하는 방법은 없을까요?

평균, 분산, 상관 계수, 회귀 직선과 같은 통계량을 계산해 보면 어떨까요?

이럴 때 사용하는 강력한 도구가 통계입니다. 통계 처리를 하면 각 데이터가 가진 경향을 '객관적'으로 파악할 수 있습니다. 그럼, 앞의 4개 그룹의 통계량을 계산해 봅시다. 계산 결과는 다음과 같습니다.

■ 통계량

통계량	값
X의 평균	9
X의 분산	11
Y의 평균	6
Y의 분산	4.12
X와 Y의 상관 계수	0.816
회귀 직선	$y = 3.00 + 0.500x$

이것은 어떤 그룹의 통계량이었을까요? 사실 앞서 소개한 4개 그룹의 평균, 분산, 상관 계수, 회귀 직선 통계량은 모두 같습니다.

이들은 모두 객관적으로 볼 때 같은 경향을 가진 데이터입니다!

라는 결론으로 넘어가기 전에, 이들 데이터를 산포도로 표시한 다음 그림을 먼저 살펴봅시다.

■ 앤스컴 쿼르텟

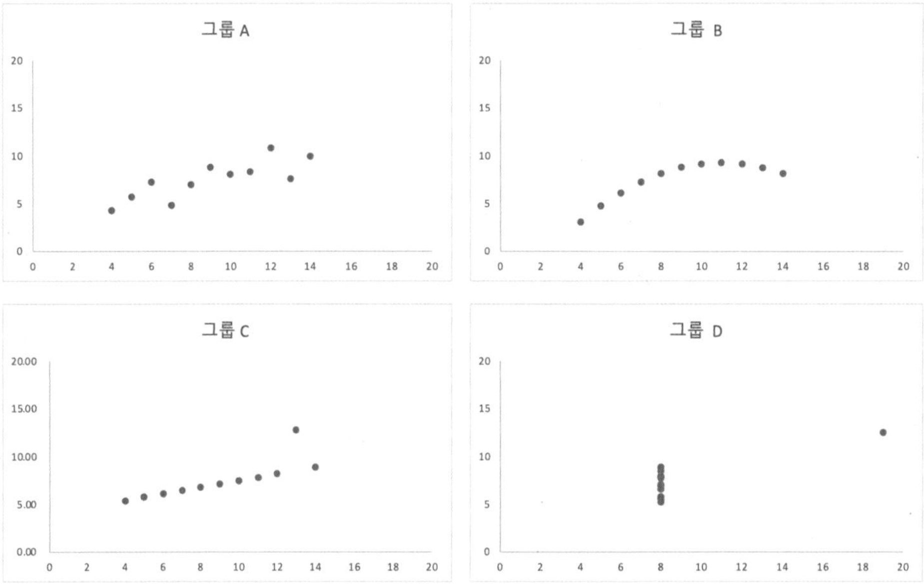

이상한 생각이 들지 않나요?

그렇습니다. 사실 주어진 데이터셋은 평균, 분산, 상관 계수 등이 완전히 같음에도 불구하고 그 경향이 전혀 다른 데이터였습니다.

이것은 '평균, 분산, 상관계수 등 통계량만으로 나타낼 수 없는 데이터의 경향이 존재한다'는 의미입니다. 또한 통계량만으로 나타낼 수 없는 데이터의 경향을 시각화를 통해 파악할 수 있기도 함을 의미합니다.

분명 통계는 데이터가 가진 경향을 객관적으로 파악할 수 있는 매우 강력한 도구입니다. 하지만 통계를 사용해 파악할 수 없는 데이터의 경향 또한 분명히 존재합니다. 이것이 데이터 시각화가 필요한 가장 본질적인 이유의 하나입니다.

덧붙여, 이 멋진 데이터셋은 영국의 저명한 통계학자인 프랭크 앤스컴(Frank Anscombe)이 '앤스컴 콰르텟(Anscombe's Quartet, 앤스컴 4중주)'이라는 이름으로 시각적 표현의 중요성을 설명하기 위해 만든 데이터셋입니다. 시각적 효과가 중요한 이유를 이 데이터셋을 통해 확실히 알 수 있습니다.

통계적 지표가 같아도 데이터가 가진 경향이 다르면 비즈니스 관점에서 취할 행동이나 다음에 해야 할 일에 대한 아이디어는 확연히 달라질 것입니다. 실제 비즈니스 현장에서는 숫자에만 집중한 탓에 적절하지 못한 의사결정을 내리는 리스크도 매우 많습니다.

지금까지 데이터 시각화의 장점에 관해 이야기했는데, 실제 통계적 지표는 매우 편리합니다. 통계적 지표와 시각화는 대립하는 개념이 아니라, 통계적 지표의 힘과 시각화의 힘을 함께 사용하는 것에 중요한 가치가 있습니다.

통계량은 결국 무언가를 '집계'한 결과입니다. 예를 들어 자주 있는 '평균'의 어려움에 관한 논의에서 '평균을 그대로 받아들이는 것은 위험하다'라는 것이 다양한 분야에서 실제로 나타나고 있습니다. 그 이유는 평균은 전체적으로 흩어진 분포가 다르거나 극단적으로 큰 값 혹은 극단적으로 작은 값이 큰 영향을 미치는 통계량이기 때문입니다. 표준편차 또한 마찬가지입니다.

■ 평균값이 50점으로 같은 국어와 수학 점수 분포 예시

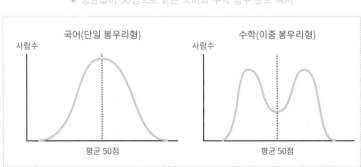

하지만 몇 만 건이나 되는 설문 데이터의 숫자나 응답을 일일이 보면서 분석하는 것 또한 위험합니다. 그렇기 때문에 어떤 종류의 대푯값(평균, 분산, 표준편차, 상관 계수 등)을 참고해 전체를 파악하고 이해한다는 의미에서 통계량은 매우 편리합니다.

그러나 단 하나의 지표, 예를 들어 '평균'만 보는 것으로는 분석하고자 하는 대상의 분포나 추이 등 '실제 모습'을 볼 수 없다는 점은 주의해야 합니다.

과거에는 대량의 데이터를 글자 그대로 그저 '보이게' 하는 것만으로도 많은 비용이 들었습니다. 대량의 데이터를 짧은 시간에 보고 이해할 수 있게 도와주는 편리한 도구가 없었기 때문입니다. 그런 상황에서 집계된 통계량은 전체를 대략적으로 파악하는 데 이용할 수 있는 거의 유일한 것이었습니다.

하지만 지금은 편리한 도구가 매우 많습니다. 데이터 시각화와 함께 통계량도 관찰함으로써 과거보다 훨씬 뛰어난 시사점을 만들 수 있습니다. 데이터 시각화는 앞에서 예시를 든 앤스컴 콰르텟처럼 데이터가 말하고자 하는 바를 직설적으로 전달할 수 있고 통계량과 함께 이용하면 한층 위력을 발휘합니다.

1-2 시각 속성

이전 절에서 숫자 '9'의 개수를 세어 봤습니다. '9'를 금방 셀 수 있었던 이유는 무엇일까요? 색이 다르기 때문일까요?

그렇습니다. '색'은 뇌의 시각 영역에 있어 밀리초 단위로 차이에 반응할 수 있는 시각 속성이기 때문입니다. 다음 그림에 '시각 속성'이라 불리는 것들을 나열했습니다. 이 시각 속성의 체계에 관해서는 여러 가지 가설이 있기 때문에 여기에서 소개한 것이 전부라고는 할 수 없습니다.

■ 시각 속성 체계(예시)

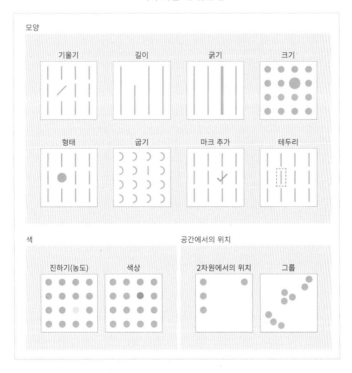

데이터 시각화는 이들 중 어떤 '시각 속성'으로 데이터를 변환(인코딩, encoding)하는 것입니다.

앞 절의 예시에서는 '색'이라는 시각 속성을 사용해
9를 찾아냈는데, 색이 아닌 다른 시각 속성을 사용
하면 어떨지 확인해 봅시다. 오른쪽 그림은 글자 크
기로 '9'와 '그 외'의 숫자를 표현한 예시입니다.

이 방법을 사용해도 비교적 '9'를 세기 쉽습니다. 하
지만 '9를 찾아서 수를 센다'는 목적에 있어서는 '색
을 사용하는 편이 좀 더 적합하다'고 생각됩니다.

■ 9의 '크기'를 바꿈

1	9	1	3	3	6	8	7	8	3
5	4	3	7	2	6	8	2	8	3
9	2	1	6	4	4	6	9	6	1
5	9	3	9	3	6	4	4	5	3
7	9	4	6	6	1	6	6	9	3
5	8	5	4	2	1	7	4	9	7
1	3	3	7	3	2	5	2	6	2
4	7	3	9	2	2	1	4	5	2
5	6	1	7	9	7	3	4	3	5
9	8	2	1	7	6	3	4	8	5

9를 찾아서 수를 세는 데 '색'을 바꾸는 것이 적합하
다고 했는데, 그렇다면 1부터 9까지의 모든 숫자에
각기 다른 색을 적용하면 어떨까요?

■ 모든 숫자에 색을 적용함

1	9	1	3	3	6	8	7	8	3
5	4	3	7	2	6	8	2	8	3
9	2	1	6	4	4	6	9	6	1
5	9	3	9	3	6	4	4	5	3
7	9	4	6	6	1	6	6	9	3
5	8	5	4	2	1	7	4	9	7
1	3	3	7	3	2	5	2	6	2
4	7	3	9	2	2	1	4	5	2
5	6	1	7	9	7	3	4	3	5
9	8	2	1	7	6	3	4	8	5

이 경우에는 아무런 색도 사용하지 않았을 때와 9를 세는 어려움이 크게 다르지 않습니다. 이
처럼 시각 속성에는 상황에 따라 적절한 사용법이 있으며, 데이터 종류에 따라 적절한 시각 속
성 패턴이 존재합니다. 이 책에서는 이 같은 시각 속성과의 관련성에 대해 설명합니다.

시각 속성 중에서도 '색'은 특히 중요하며 사람의 인지에 강한 영향을 줍니다. 그러나 그렇기 때
문에 자주 오용되기도 합니다. 이 책에서는 실제 구체적인 예제를 들어 배색과 관련된 다양한
내용을 다룹니다. 이 책을 통해 반드시 '색'의 사용법을 마스터하기 바랍니다.

1-3 기억을 도우라

데이터를 시각화하는 또 하나의 이유로 기억을 돕는다는 점을 들 수 있습니다.

뇌의 기억에는 감각 기억, 단기 기억, 장기 기억의 3가지가 있습니다. 앞에서 예를 든 '9가 눈에 들어오는 감각'은 감각 기억에서 생겨납니다.

■ 기억의 흐름

감각 기억은 굳이 생각하지 않아도 무의식적으로 반응하는 것으로, 시각 속성인 '색', '모양', '위치' 등 말로는 설명할 수 없지만 그 차이를 인식할 수 있는 대상에 대한 반응입니다. 이 감각 기억에서 받아들인 자극을 저장하는 것이 단기 기억입니다. 단기 기억은 수십 초에서 수십 분 사이의 기억을 유지하는 곳이며 데이터 시각화에서 매우 중요합니다.

다음 쪽 표를 보십시오. 최근 4년간 카테고리별 매출이 올라갔습니까, 내려갔습니까? 또한 어떤 카테고리가 '가장 빠르게' 매출이 증가했습니까?

■ 카테고리별 매출(숫자만 나열)

	카테고리		
	가구	가전	사무용품
2015 Q1	1,729,319	1,821,186	2,012,120
Q2	4,265,447	4,330,631	2,680,035
Q3	3,688,474	3,456,156	2,917,324
Q4	3,976,130	4,476,783	2,517,775
2016 Q1	2,766,027	3,092,916	2,268,750
Q2	4,669,070	5,810,409	4,256,692
Q3	5,255,844	4,223,137	4,092,868
Q4	6,559,383	6,142,146	5,262,321
2017 Q1	3,545,554	3,027,377	2,771,603
Q2	7,601,606	6,781,550	4,262,403
Q3	6,347,062	5,561,690	3,850,302
Q4	7,121,329	6,614,515	4,535,944
2018 Q1	4,064,237	3,956,778	2,483,798
Q2	6,580,066	6,552,137	5,981,129
Q3	7,365,792	7,991,691	6,508,641
Q4	5,631,659	8,448,454	7,320,584

'음, 글쎄…'라는 생각이 들지는 않았습니까? 성실한 분이라면 숫자를 전부 읽고 가장 큰 숫자를 찾았을지도 모르겠습니다. 이 데이터는 4년 동안의 카테고리별(분기 기준) 매출 데이터입니다. 이 표에서 어떤 경향을 찾아냈습니까?

앞에서 설명한 앤스컴 콰르텟 예시와 마찬가지로 이 표에서 무언가를 읽어 내기는 매우 어렵습니다. 진정한 의미를 읽어 내기 위해서는 이 표에 쓰인 모든 숫자를 동시에 보면서 이해해야 하기 때문입니다.

뇌의 단기 기억은 이 예시처럼 나열된 숫자로 대량의 정보를 기억하게 설계되지 않았습니다. 나열된 숫자를 볼 때 우리는 먼저 첫 번째 셀의 숫자를 보려고 합니다. 그리고 다음에 두 번째 셀, 계속해서 세 번째, 네 번째, 다섯 번째 숫자를 보는 동안 첫 번째 숫자는 이미 머릿속에서 사라지는 것이 보통입니다.

이제 이 표를 차트로 바꾸어 봅니다. 단순한 선 그래프로 바꾸는 것뿐입니다.

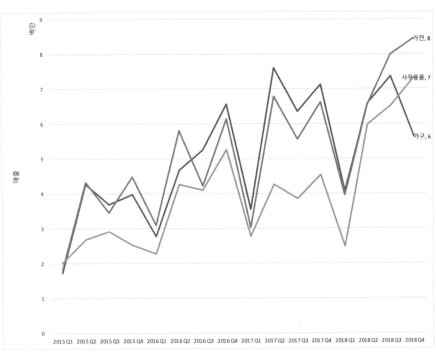

■ 카테고리별 매출(선 그래프)

선 그래프로 바꾼 것만으로도 경향을 알 수 있고 표를 볼 때보다 확실한 시사점을 얻을 수 있습니다. 사무용품은 처음과 마지막 2번의 분기를 제외하고는 오랜 기간 동안 가장 낮은 매출을 기록하고 있습니다. 한편 가구는 가전과 경쟁하면서 대부분 기간에 1위 혹은 2위를 달리고 있습니다. 또한, 전체적으로 시작 시점과 비교해 위아래로 크게 움직이는 것을 알 수 있습니다.

이처럼 시각에 반응하게 표현함으로써 기억하기 어려운 나열된 숫자에서 순식간에 경향을 이해하게 하는 것이 데이터 시각화의 목적 중 하나입니다.

1-4 데이터 시각화에서의 '색' 사용법

색 사용의 '기법'에 관해서는 2장에서도 설명합니다. 이 절에서는 먼저 데이터 시각화에서의 색 사용법 분류에 관해 설명합니다.

색은 사용하는 '목적'에 따라 그 사용법이 다릅니다. 그렇기 때문에 어떤 목적으로 색을 사용하는지를 확인하는 것이 중요합니다. 3장에서 설명할 기법 또한 이번 절에서 설명한 내용에 근거하므로 데이터 종류에 따라 어떤 색을 사용하는 것이 좋을지 이번 절에서 확실히 이해하기 바랍니다.

순차적 색상(sequential color)

순차적 색상은 다양한 데이터 값을 하나의 색의 명도(밝기)로 표현합니다.

■ 순차적 색상 예시

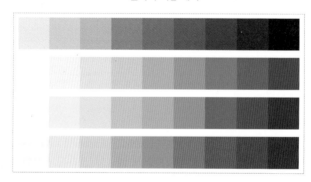

다음 그림은 필자가 만든 샘플 중에서 순차적 색상을 사용한 예시의 하나입니다. '미국 농가 중 농업 수입이 10,000달러 이상인 비율'을 순차적 색상으로 표시했습니다. 순차적 색상은 연속된 데이터의 많고 적음을 나타내기에 좋습니다. 짙은 색이 큰 값(예시에서는 수입 10,000달러 이상의 값의 비율)을 의미합니다.

■ 애리조나주 Apache 지역에서 2012년 수입이 10,000달러 이하인 농가는 92.5%

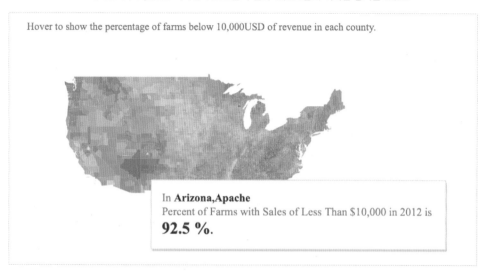

Hover to show the percentage of farms below 10,000USD of revenue in each county.

In **Arizona,Apache**
Percent of Farms with Sales of Less Than $10,000 in 2012 is
92.5 %.

Towards Sustainable Agriculture

URL https://public.tableau.com/profile/yukari.nagata0623#!/vizhome/TowardsSustainableAgricultureIronViz/
Dashboard

확산적 색상(divergent color)

확산적 색상은 임의의 중간지점부터 범위를 설정하고 중앙점을 기점으로 2가지 색을 순차적
색상으로 표현한 것입니다.

■ 확산적 색상

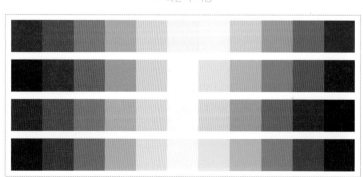

색의 명도(밝기)로 표시한다는 점에서는 순차적 색상과 같지만, 중간 점을 사용해 양수
(positive)나 음수(negative), 혹은 플러스나 마이너스 등 두 종류의 폭(스케일)을 표시할 때
사용합니다. 예를 들어 다음과 같이 사용할 수 있습니다.

■ 확산적 색상을 사용한 기상도

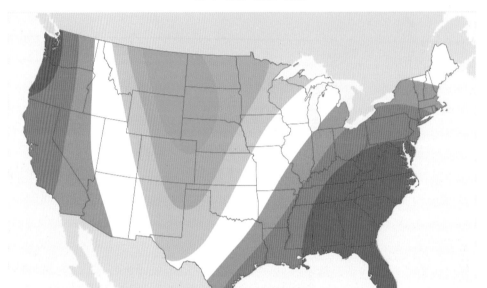

NOAA Climate.gov

URL https://www.climate.gov/maps-data/data-snapshots/tempoutlook-monthly-cpc-2019-04-30

앞의 그림에서 빨간색 계열은 전년 대비 기온이 오른 지역, 파란색 계열은 전년 대비 온도가 내
려간 지역을 의미합니다.

카테고리 색상(categorical color)

카테고리 색상은 서로 다른 분류나 구분을 색으로 표현한 것입니다. 카테고리 색상 자체는 분류나 구분에 관계없이 사용할 수 있지만, 비교하는 분류나 구분이 많은 경우에는 자연히 색의 수가 늘어나 보는 사람에게 매우 어지러운 인상을 줄 수도 있습니다.

이에 따른 해결책으로, 분석할 카테고리를 엄선해 색상을 부여하는 방법이 있습니다. 예를 들어 다음과 같이 서브 카테고리가 많을 때는 카테고리별로 색을 부여하지 않고 한 계층 위의 카테고리별로 색을 부여할 수도 있습니다.

■ 카테고리 색상 예시

■ 카테고리 색상 사용 예시

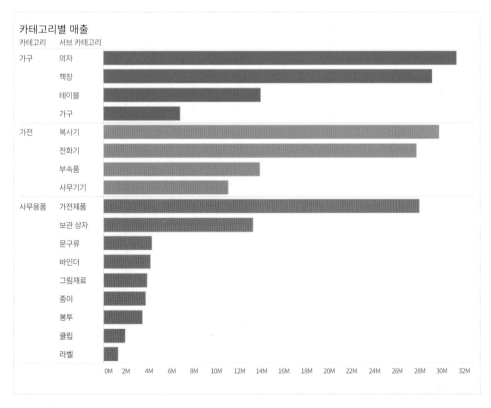

하이라이트 색상(highlight color)

하이라이트 색상은 대시보드를 보는 오디언스(Audience)의 눈에 띄게 하고 싶은 정보, 주의를 끌어야 하는 정보만 강조하는 것입니다.

■ 하이라이트 색상 예시

하이라이트 색상은 다양한 방법으로 사용할 수 있습니다. 예를 들어 다음 그림에서는 매출 추이에 관해서 임의의 특정 지역만 하이라이트했습니다.

■ 하이라이트 색상 사용 예시 1

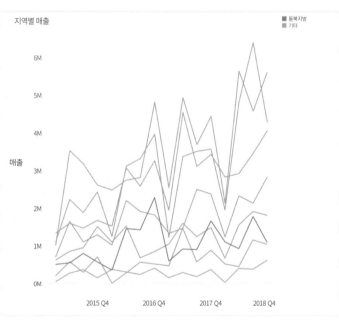

또한 다음 그림은 대시보드에서 전체적인 색의 컨텍스트를 만들고, 그 색을 하이라이트 색상으로 표시한 좋은 예입니다.

■ 하이라이트 색상 사용 예시 2

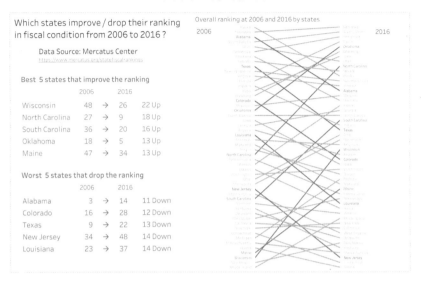

'Ranking in fiscal' / Satoshi Ganeko 작

URL https://public.tableau.com/profile/satoshi.ganeko#!/vizhome/RankinginfiscalMOMweek152019/
Rankinginfiscal

앞의 그림은 2006년부터 2016년까지 미국의 주별 재무 예산을 표현한 대시보드입니다.

대시보드의 왼쪽 문자에 사용한 색(순위 상승 시 파란색, 순위 하락 시 빨간색)을 그대로 대시
보드 오른쪽에서도 하이라이트 색상으로 사용해 통일감을 줬습니다. 결과적으로 '색이 무엇을
의미하는가?'도 쉽게 이해할 수 있는 대시보드가 되었습니다.

1-5 데이터 유형

데이터를 효과적으로 시각화하려면 데이터 유형, 즉 여러분이 다루는 데이터가 어떤 유형에 속하는지를 이해해야 합니다. 데이터 유형에 따라 어울리는 시각화 속성이 있기 때문에 이를 알아두면 좀 더 효율적이고 효과적인 차트를 선택할 수 있기 때문입니다.

데이터 유형은 다양한 방법으로 분류할 수 있습니다. 시각 속성과 데이터 시각화에 어울리는 특성을 이해하기 위해서는 다음 3가지를 고려해야 합니다.

■ 대표적인 데이터 유형

이름	설명	예시
카테고리 데이터 (분류적 명칭)	카테고리 데이터는 '대상'을 의미한다. 이들은 숫자 '값'이 아닌 서로 겹치지 않는 성질이다.	[서울, 부산, 대전, 대구] [오뚜기, 농심, 삼양, 팔도]
순서 데이터 (순서적 이름)	위 카테고리 데이터에 포함될 수 있으나, 순서가 존재한다는 점이 다르다.	[금, 은, 동] [좋음, 보통, 나쁨] [아주 좋음, 좋음, 보통, 싫음] [매움, 매콤함, 보통, 달콤]
양적 데이터	데이터 자체가 숫자다. 집계하고 측정할 수 있다.	무게 [10kg, 20kg, 50kg] 비용 [1,000원, 10,000원, 100,000원] 할인율 [25%, 30%]

앞에서 소개한 여러 분류의 데이터를 표시할 때 어떤 시각 속성을 사용하면 좋을까요? 다음 표에 데이터 유형과 그에 어울리는 시각 속성을 간단하게 정리했습니다. 시각 속성에 관해서는 7쪽을 참조하기 바랍니다.

■ 데이터 유형과 그에 어울리는 시각 속성(지침)

	카테고리 데이터	순서 데이터	양적 데이터
위치	O	O	O
길이	–	O	O
방향	–	O	O
명도	–	O	O
색상	O	–	–

	카테고리 데이터	순서 데이터	양적 데이터
형태	O	–	–
두께	–	O	–

데이터 유형과 그에 어울리는 시각 속성에 관한 기본 지식을 가지면 눈으로 보고 이해하기 쉽게 시각화할 수 있습니다.

그러나 이는 어디까지나 지침일 뿐이지 절대적인 규칙은 아닙니다. 그렇기 때문에 앞에서 설명한 표를 외울 필요는 없습니다. 데이터 시각화에서는 실제 가진 데이터를 사용해 결과물을 만들면서 전달하고자 하는 메시지가 적절하게 전해지는지 연습하는 것이 중요하므로 반드시 직접 시험해 보면서 생각하기 바랍니다. 이 표는 테스트할 때 참고로 사용하십시오.

또한 여러 시각 속성을 함께 사용할 때는 주의가 필요합니다. 다음 그림을 봅니다.

■ 여러 시각 속성을 사용한 산포도

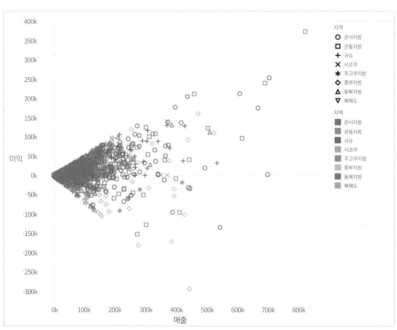

이 그림에서는 '색'과 '형태' 시각 속성을 모두 이용해 지방 카테고리 데이터를 표현했습니다. 물론 여러 시각 속성을 절대로 동시에 사용해선 안 되는 것은 아니지만, 특히 대부분의 비즈니스 시각화에서는 하나의 시각 속성만 사용하는 것이 이해하기 쉽고 단순한 경우가 많습니다. 여러 시각 속성을 동시에 사용하면 인지 부하를 높일 가능성이 높으므로 주의해야 합니다.

1-6 유니버설 디자인으로서의 정치적 올바름

데이터 시각화에서 고려해야 할 중요한 요소가 있습니다. 그것은 바로 색각 이상, 성별, 인종, 민족, 종교 등 정치 사회적으로 중립적인 표현이 되게 배려해야 한다는 점입니다. 이 절에서는 데이터 시각화에서 특히 중요한 논점이 되는 색, 성별, 인종에 관해 이야기합니다.

색

여러분은 어릴 때 다음과 같은 색각 이상 검사(참고 이미지이며 검사에 사용하는 이미지는 아닙니다)를 받아본 적이 있습니까? 색각 이상 검사는 최근 실시하지 않는 학교도 있으므로 검사를 경험하지 못한 독자들도 있을 것입니다.

■ 이시하라 색각 이상 검사표의 예시(왼쪽 2류, 오른쪽 3류)

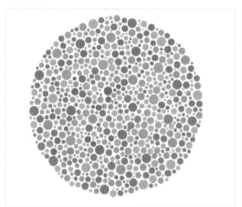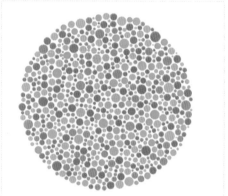

색각 이상이란 정상으로 보이는 많은 사람과 색을 다르게 보거나 느끼는 것입니다. 남성 전체의 약 5%, 여성 전체의 약 1%가 색각 이상을 가지고 있다는 조사도 있습니다(이 비율은 나라에 따라 크게 다르며, 일본인의 경우에는 색각 이상을 가진 사람이 300만 명 이상이라는 통계가 있습니다). 색각 이상인 사람들을 고려한 배색을 하는 것을 컬러 유니버설 디자인(color universal design)이라고 부릅니다.

색각 이상은 눈 안에 있는 세 가지 원추 세포 중 하나 이상이 없을 때 발생합니다. 색각 이상은 결여된 원추 세포의 종류에 따라 다음과 같이 색이 보이는 형태가 달라집니다.

■ 주요 색각 이상의 종류

종류	설명
1형 색각(Protanopia)	빨간색 계열의 색상 식별이 어려움
2형 색각(Deuteranopia)	초록색 계열의 색상 식별이 어려움
3형 색각(Tritanopia)	파란색 계열의 색상 식별이 어려움

실제 데이터 시각화에서 나타날 수 있는 문제가 무엇인지 살펴봅니다.

다음 그림은 일반적인 경우와 색각 이상이 존재하는 경우에 보이는 형태를 비교한 것입니다. Chromatic Vision Simulator라는 도구를 사용해 각각의 색각 이상에 따라 보이는 차이를 나타냈습니다.

네 가지 색이 명확하게 다르지만 1형과 2형 색각 이상 보유자는 그 차이를 알기 어렵습니다.

■ 1형, 2형 색각 보유자에게 알기 어려운 배색 예시

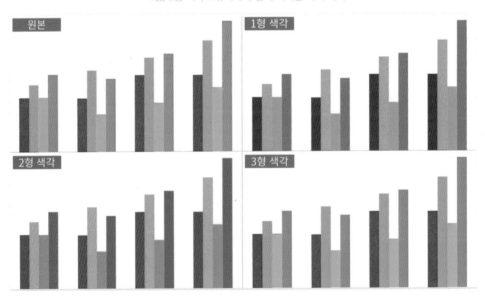

이 문제는 앞의 그림처럼 카테고리 색상으로 분류할 때뿐만 아니라, 양적 데이터에 대해 확산적 색상을 사용할 때도 나타납니다. 예를 들어 다음은 확산적 색상을 사용했을 때 보이는 형태입니다.

■ 확산적 색상 설정(범례)

다음 그림에서는 매출을 X축(가로축)으로 하고, 앞 범례의 확산적 색상을 사용해서 이익률의 높고 낮음을 표시했습니다.

■ 보이는 모습 비교

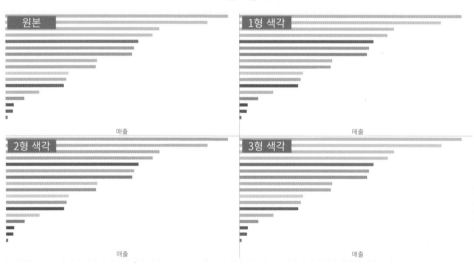

이익률을 앞의 그림과 같이 확산적 색상으로 표시하면 색각 이상인 사람들은 이익률의 높고 낮음을 오인할 가능성이 있습니다.

이외에도 회색을 사용한 데이터 시각화는 3형 색각 이상 보유자가 이해하기 어렵습니다. 다음 그림을 확인해 봅니다.

■ 회색과 보라색을 사용한 카테고리 컬러

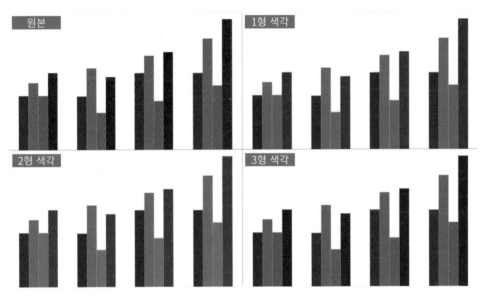

그림과 같이 회색과 보라색을 사용해 카테고리를 나누면 3형 색각 이상 보유자에게는 그 차이가 잘 보이지 않습니다. 결과적으로 분류를 위해 애써 '색'을 사용했음에도 불구하고 그 의미가 사라져 버립니다. 아무 생각 없이 사용한 색이 이 정도로 보이는 형태를 바꾸어 버리기도 합니다.

그렇기 때문에 모든 사람이 보고 판별하기 쉽게 배려해서 배색하는 것이 중요합니다.

지금까지 여러분은 색을 무의식적으로 설정했을지도 모릅니다. 그러나 이제부터는 오디언스가 누구인지 한 번 더 생각하기 바랍니다. 여러분이 설정한 색이 색각 이상 보유자들을 무시한 것일 수도 있습니다. 그러면 모처럼 전달하고 싶은 메시지가 있어도 잘 전달할 수 없습니다.

그러면 이런 문제를 해결한 '컬러 유니버설 디자인' 배색 예시를 봅시다. 먼저 카테고리 컬러로 색을 사용한 경우입니다.

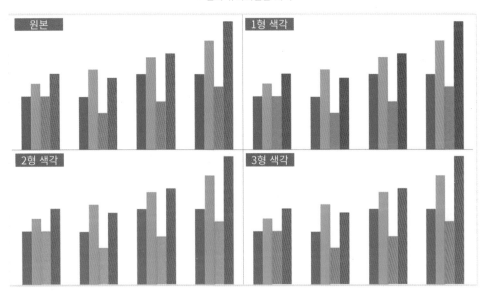

■ 컬러 유니버설한 배색

이 배색에서는 어떤 종류의 색각 이상을 보유하고 있더라도 쉽게 판별할 수 있습니다.

확산적 색상을 사용한 예시도 살펴봅니다. 마찬가지로 색각 이상 유무에 관계없이 색이 의미하는 바(이익률)를 알기 쉽습니다.

■ 확산적 색상 설정(범례)

■ 보이는 형태 비교

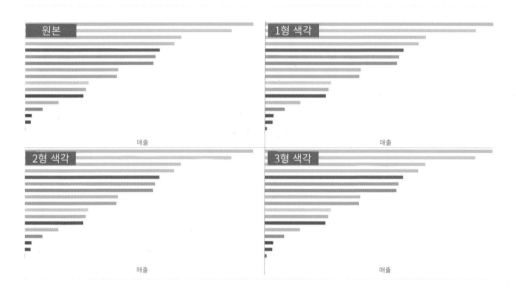

이처럼 데이터 시각화를 할 때 여러분이 선택한 배색이 다양한 사람들에게 어떻게 보일지 배려하는 것은 매우 중요합니다. 시각 속성으로 색을 부여해 판별하게 하려고 해도, 앞에서 설명한 것처럼 오디언스에 따라 색의 의미를 없애 버리는 배색이 있습니다.

그 대책으로 다음과 같은 컬러 유니버설 디자인 권장 배색 세트를 사용하는 것도 한 가지 방법입니다.

도쿄 컬러 유니버설 디자인 가이드라인

URL https://www.fukushihoken.metro.tokyo.lg.jp/kiban/machizukuri/kanren/color.files/colorudguideline.pdf

하지만 컬러 유니버설 디자인이 권장하는 배색 세트나 기타 팔레트를 사용하기 어려울 때도 있습니다. 기업 고유 컬러 및 브랜드 컬러 등 조직에서 지정한 색을 사용해야 할 때가 그렇습니다.

결과적으로 색각 이상 보유자에게 여러분이 만든 결과물이 어떻게 보일지 미리 알고 최대한 배려를 하는 것이 중요합니다. 최근 BI 도구에서는 색각 이상 보유자들도 보고 이해하기 쉬운 색

상으로 구성된 컬러 팔레트를 지원하기도 합니다. 오른쪽 그림은 태블로(Tableau)에서 제공
하는 색각 이상을 가진 사람들을 위한 컬러 팔레트입니다.

■ 컬러 팔레트 선택(Tableau)

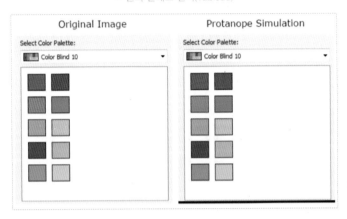

URL https://www.tableau.com/about/blog/2016/4/examining-data-viz-rules-dont-use-red-green-
together-53463

이런 도구를 활용해서 결과물이 어떤 형태로 보이는지 알아두기 바랍니다.

다음에 필자가 평소에 사용하는 색각 이상을 가진 사람들을 위한 시뮬레이션 도구들을 소개합
니다. 많은 사람이 보는 것을 만들 때는 반드시 미리 확인해 보기 바랍니다.

Google Colorblindly

구글 크롬 확장 기능으로, 현재 표시된 웹 페이지가 색각 이상 보유자에게 어떻게 보이는지 간
단히 시뮬레이션할 수 있습니다. 시뮬레이션할 모드를 선택해 간단하게 사용할 수 있습니다.

■ https://chrome.google.com/webstore/detail/colorblindly/floniaahmccleoclneebhhmnjgdfijgg?hl
=ko

Chromatic Vision Simulator

기능적으로는 앞에서 설명한 Google Colorblindly와 같지만, iOS, Android, Web 버전으로 제공됩니다. 주요 색각 이상인 1형 색각, 2형 색각, 3형 색각 이상 보유자에게 보이는 형태를 시뮬레이션할 수 있습니다.

다음은 이 도구들을 사용해 필자가 만든 작품이 어떻게 보이는지 확인해 본 것입니다.

■ 표시 차이(필자 작품)

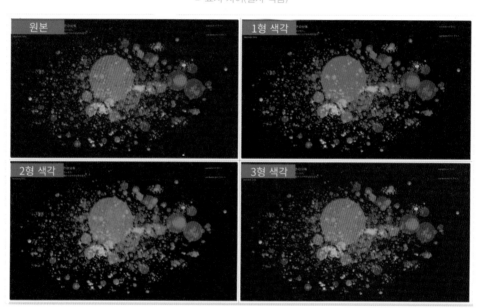

성별

'남녀'를 표시할 때 남성은 푸른색 계통, 여성은 붉은색 계통으로 설정한 경험이 있습니까? 대표적인 예시로 화장실 표지판을 들 수 있습니다.

데이터 시각화에서 성별을 기준으로 무언가를 표시할 때 다음과 같은 그래프를 많이 사용할 것입니다.

■ 남녀 비교 예시

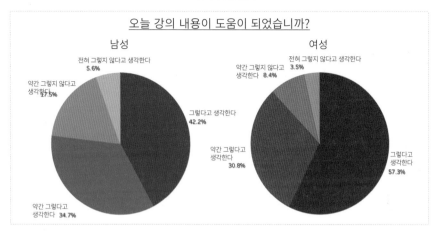

오늘 강의 내용이 도움이 되었습니까?

남성

- 전혀 그렇지 않다고 생각한다 5.6%
- 약간 그렇지 않다고 생각한다 17.5%
- 그렇다고 생각한다 42.2%
- 약간 그렇다고 생각한다 34.7%

여성

- 전혀 그렇지 않다고 생각한다 3.5%
- 약간 그렇지 않다고 생각한다 8.4%
- 그렇다고 생각한다 57.3%
- 약간 그렇다고 생각한다 30.8%

■ 특정 제품에 관한 남녀별 Twitter 워드 크라우드(필자 작성)

자주 언급된 단어(여성)　　남녀별 언급 건수　　자주 언급된 단어(남성)

わたし テレビ スーパー
渋谷 レジ 夜に 俺
車 いいよ 感動の 結末
facebook 買った 夏
高い 使いやすい CM
美容
新宿 神 インスタ
電車 東京 最新
安い マジ あれ
可愛い

51.4%　48.6%

夏 安い レジ いいよ
電車 新宿 使いやすい 便利
タイトル 渋谷 最新
facebook スーパー
CM 感動の 結末 女性
テレビ インスタ マジ
可愛い たくさん 俺
わたし 夜に 東京 あれ
渋谷
神

무언가를 표현할 때 남성은 푸른색 계통, 여성은 붉은색 계통의 색을 사용하는 것이 일본에서
는 특별히 문제가 되지 않습니다(그렇기 때문에 필자도 그렇게 사용할 때가 많습니다). 하지만
유럽에서는 이를 피하는 경향이 있습니다.

사실 푸른색이든 붉은색이든 그 자체로는 좋지도 나쁘지도 않습니다. 하지만 그 색이 성별에
적용되면 고정관념을 강화하곤 합니다.

오른쪽 그림을 봅니다. 남녀 성별은 파란색이나 빨간색을 사용하지 않더라도 다양하게 구분할
수 있습니다.

■ 색의 진하기로 남녀를 구분한 인구 피라미드(필자 작성)

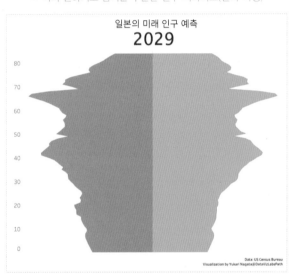

또는 다음과 같이 표현할 수도 있습니다. 미국의 1,800개 학군을 대상으로 영어와 수학 시험에
서 남녀 중 어느 쪽의 점수가 높은지 표시한 것입니다.

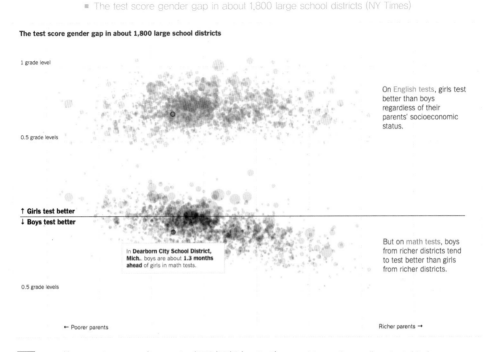

The test score gender gap in about 1,800 large school districts (NY Times)

URL https://www.nytimes.com/interactive/2018/06/13/upshot/boys-girls-math-reading-tests.html

가로축은 가정의 경제적 환경을 의미합니다(왼쪽 끝에 가까울수록 경제적 환경이 상대적으로 나쁘며, 오른쪽 끝에 가까울수록 경제적 환경이 상대적으로 좋음). 또한 주황색은 영어 시험의 점수 분포, 파란색은 수학 시험의 점수 분포를 의미합니다. 중간의 수평선 위쪽은 여성의 점수가 남성의 점수보다 높은 경우고, 수평선 아래쪽은 반대인 경우를 의미합니다.

영어 시험에서는 부모의 경제적 환경에 관계없이 여성의 점수가 높음을 알 수 있습니다. 한편 수학 시험에서는 경제적 환경이 좋은 학군의 학생 점수가 높은 경향을 보임을 알 수 있습니다.

이 시각화에서는 학군을 하나하나의 점(dot)으로 표현합니다. 단지 성별로 구분해 점수를 집계해서 보는 것이 아니라, 시점을 바꿈으로써 단순히 성별에 따른 점수를 보는 것보다 많은 것을 설명함으로써 시사점을 줄 수 있게 시각화했습니다.

성별을 다룰 때는 그저 단순히 남성을 푸른색, 여성을 붉은색으로 표시하는 등 남녀별 데이터를 수집하는 사고방식을 고집하지 말고, 다르게 표현하는 방법은 없을지 한 번 더 생각해 보기 바랍니다.

인종

다음 그림과 같은 픽토그램(pictogram)을 사용했던 경험이 있습니까?

픽토그램이란 그 의미를 한눈에 전달하기 위한 그림 문자로, 공공설비 등에 널리 사용됩니다.

■ 픽토그램 예시

픽토그램은 화장실 마크에서도 볼 수 있으며, 필자 역시 픽토그램의 '크기'로 양의 많고 적음을 표현하기도 합니다.

이어서 다음 그림을 봅니다. 1940년대 발행된 책의 내용에서 미국과 영국에 있는 인종을 픽토그램 같은 그림으로 표시하고 있습니다.

■ 픽토그램으로 인종을 표시함

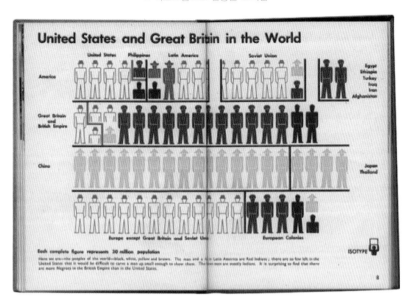

Britain vs. America in Minimalist Vintage Infographics

URL https://www.brainpickings.org/2012/11/13/only-an-ocean-between-isotype-infographics/

어떤 느낌이 듭니까?

앞에서 성별을 주제로 설명할 때 '색' 자체에는 아무 문제가 없던 것과 같이, 픽토그램 자체에는 아무 문제가 없습니다. 여기서는 '피부색'을 픽토그램의 색으로 하고 있다는 점이 문제입니다.

인종을 표현하는 매개체로 피부색이나 국기 색을 픽토그램에 사용하지 않기 바랍니다. 데이터 시각화를 할 때 여러분이 상상하는 피부색을 픽토그램에 부여하는 것은 고정관념을 강화합니다. 인종 표현은 텍스트 라벨로도 충분할 때가 많습니다. 가령 다음 그림과 같이 표현할 수 있습니다.

■ 인종을 텍스트 라벨로 표현한 예시

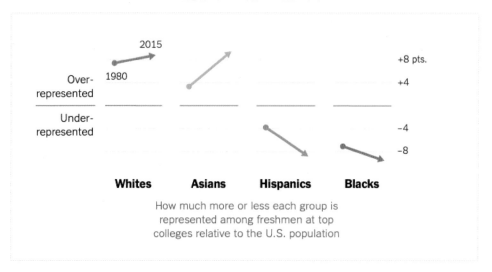

'Even With Affirmative Action, Blacks and Hispanics Are More Underrepresented at Top Colleges Than 35 Years Ago'

URL https://www.nytimes.com/interactive/2017/08/24/us/affirmative-action.html

'색'은 문화에 따라 그 의미가 다릅니다.

데이터 시각화에 더 많은 이야기를 담고 싶다면, 여러분이 선택한 색이 '오디언스에게 어떤 영향을 주는지?', '오디언스가 어떻게 느끼게 하는지?'에 관해 충분히 시간을 갖고 생각하기 바랍니다.

결코 '내가 전하려는 메시지의 논지나 스토리에는 관계없으니 아무 문제없다'고 생각해서는 안 됩니다. 여러분에게는 문제가 없을지라도, 다른 누군가에게는 매우 민감하고 중요한 문제일 수도 있습니다. 그런 문제를 방치한 대시보드나 데이터 시각화는 아무도 보지 않습니다.

칼럼 사전 시각화 작업

데이터는 '분석'을 위해 존재하기 때문에 대부분 원래 상태로는 좋은 시각화를 할 수 없습니다. 그것은 데이터를 포함한 주체에 문제가 있는 것이 아니라, 사양이 정해져 있지 않는 것이 원인이기에 반드시 전처리를 통해 데이터를 정리(클렌징, cleansing)해야만 합니다.

데이터 시각화에서 사전 수행하는 데이터 '전처리(pre-processing)'는 매우 중요한 과정입니다. 전처리는 어디까지나 데이터 시각화를 위해 수행하는 것이므로, 이 과정 또한 데이터 시각화 작업의 일부입니다. 전처리의 기획, 설계, 구현을 빠르게 할 수 있다면 데이터 시각화 폭이 한층 넓어짐은 물론 속도도 빨라집니다.

데이터 테이블에 문자열이 많이 포함되었을 때는 정규 표현(regular expression)을 얼마나 적용할 수 있는지도 중요합니다. 또한 '계산량'에 대한 감각이 없으면 서버 부하가 커지거나 낭비로 인해 성능이 떨어져 조직에서 사용할 수 없는 상태가 되기도 합니다.

이처럼 데이터 시각화를 할 때는 다양한 관점에서의 시각화는 물론 그 의존 관계를 잘 살펴야 합니다. 그래서 SQL, 파이썬, ETL(Alteryx 등) 등을 다룰 수 있게 되면 데이터 시각화에 한층 좋은 영향을 줄 수 있습니다.

요리할 때도 식재료는 물론 조미료 준비 등 상당한 사전 준비가 필요합니다.

1-7 인지 부하를 낮춘다

인지 부하는 좋은 데이터 시각화를 위해 고려할 가장 근본적 개념입니다.

여러분이 만든 데이터 시각화 작품을 이해하고자 할 때 오디언스는 뇌의 에너지를 많이 소비하게 됩니다. 데이터를 이용해 정보를 전달할 때는 이 에너지 소비가 최소한이 되게 해야 합니다. 그렇지 않으면 뇌에 부담이 되어, 여러분이 만든 데이터 시각화 작품을 이해하려고 하지 않고 이탈하기 때문입니다.

지금까지 이번 장에서 설명한 내용과 이후 대시보드(dashboard)라 부르는 것을 이용해 오디언스를 이해시켜 나가는 기법의 대부분은 '인지 부하를 낮춘다'는 대원칙에 기반을 둡니다. 이번 절에서는 인지 부하에 관해 자세히 살펴봅니다.

인지 부하와 데이터-잉크 레이시오(Data-ink Ratio)

누구나 한 번쯤 어딘가에서 실제로 인지 부하를 느꼈을 것입니다. 데이터 시각화에만 국한된 것이 아니라 숫자와 문자가 가득한 파워포인트 자료 등에서 인지 부하를 느꼈을 수도 있습니다. 또한 여러분이 직접 만든 데이터 시각화 작품이 그다지 멋지지 않다고 느껴서 이 책을 선택한 독자도 있을 것입니다.

'혼신을 다한 분석, 예측 모델을 만들었다!', '굉장한 시사점을 제시하는 시각화를 만들었다!'고 스스로 생각하더라도 인지 부하가 높으면 대부분 사람은 눈길을 주지 않습니다.

조직에서 서버를 도입하고 여러분이 만든 데이터 분석 혹은 시각화 작품을 공유할 수 있는 환경이 만들어졌더라도 사람들이 그 작품을 보지 않는 일은 자주 일어납니다. 그 이유는 무엇일까요?

비즈니스에서 사용하는 대시보드든, 데이터 시각화 공모전에 제출하는 작품이든, 뇌가 새로운 정보를 받아들일 때는 인지 부하가 일어납니다. 누구나 새로운 대시보드를 보고는 '이것이 무엇인가?', '이것은 어떤 의미인가?', '이 숫자들이 정의하는 것은 무엇인가?' 등을 고심한 경험이 있을 것입니다. 이해하는 데 뇌에 부담을 주는 구조, 레이아웃, 색, 정보를 보면 오디언스는 즉시 이탈합니다.

이번 장에서는 지금까지 데이터 시각화의 기초가 되는 시각 속성 및 그에 어울리는 데이터 유형에 관해 설명했습니다. 이것들은 모두 인지 부하를 낮추기 위한 무기라고 할 수 있습니다.

인지 부하를 다룰 때 참고할 수 있는 개념 중 데이터-잉크 레이시오(Data-ink Ratio)가 있습니다. 데이터-잉크 레이시오는 가시화의 권위자라 불리는 에드워드 터프티(Edward Tufte)가 제창한 용어입니다. '좋은 그래프를 그리기 위해서는 데이터와 직접 묶이지 않는 불필요한 것은 모두 삭제해야 한다'는 것이 핵심입니다.

데이터-잉크 레이시오는 매우 간단한 수식으로 나타낼 수 있습니다.

$$\frac{\text{데이터 그 자체를 표시하기 위해 사용한 잉크의 양(Data ink)}}{\text{그래프,그래픽 등 전체를 표시하기 위해 사용한 잉크의 양(Total ink)}}$$

이 비율이 높을수록 좋은 그래프가 됩니다.

예를 들어 막대그래프의 막대 자체는 데이터에 직접 묶여 있으므로 '데이터 잉크(Data ink)'지만, 막대그래프의 그림자 효과, 배경의 눈금, 카테고리에 부여한 아이콘 등은 데이터 잉크가 아닙니다. 이처럼 데이터에 직접 묶여 있지 않은 잉크는 적을수록 좋다는 개념입니다.

게슈탈트 법칙

게슈탈트 법칙(Gestalt's Laws)은 사람의 시각 및 지각에 관한 법칙의 하나입니다. 데이터 시각화는 물론 웹 디자인이나 UI/UX 부문 종사자라면 한 번 정도는 들어봤을 것입니다. 인지 부하를 낮추는 것을 고려할 때 한 축을 담당하는 법칙입니다. 여기에서는 데이터 시각화에 있어 특히 중요한 다음 6가지 게슈탈트 법칙을 소개합니다.

- 근접성 법칙(Law of Proximity)
- 유사성 법칙(Law of Similarity)
- 인클로저 법칙(Law of Enclosure)
- 폐쇄성 법칙(Low of Closure)
- 연속성 법칙(Law of Continuity)
- 연결성 법칙(Law of Connection)

위 법칙을 하나씩 설명합니다.

근접성 법칙(Law of Proximity)

근접성 법칙은 물리적으로 가까운 거리에 있는 대상을 같은 그룹으로 간주하는 법칙입니다. 각
엘리먼트 수가 다르더라도 물리적인 거리가 가까우면 같은 그룹으로 인식합니다.

■ 근접성 법칙 예시 1

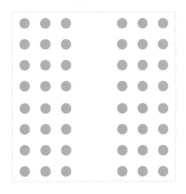

이것은 열이나 행을 사용하는 테이블 설계에 활용됩니다. 예를 들어 다음 그림과 같이 약간의
공백을 넣어 열을 모으거나, 행을 모아 물리적으로 가깝게 만들기만 해도 우리는 첫 번째(왼쪽)
는 열의 그룹, 두 번째(오른쪽)는 행의 그룹이라고 이해합니다.

■ 근접성 법칙 예시 2

유사성 법칙(Law of Similarity)

유사성 법칙은 같은 색, 형태, 방향을 가진 것을 같은 그룹으로 인식하기 쉽다는 법칙입니다. 유사성 법칙은 오디언스(잠재 고객)의 시선에 흐름을 만들 때 활용할 수 있습니다.

다음 페이지의 그림에서는 유사성 법칙을 활용해 점의 색을 행 방향으로 붉게 함으로써 자연스럽게 시선이 행 방향으로 움직이게 합니다.

이렇게 하면 텍스트를 이용해 '행 방향으로 읽습니다'처럼 보충할 필요 없이 깔끔하게 디자인할 수 있습니다.

■ 유사성 법칙 예시

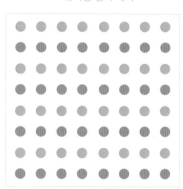

인클로저 법칙(Law of Enclosure)

인클로저 법칙은 둘러싸여 있는 것은 한 그룹이라고 인식되기 쉽다는 법칙입니다.

다음 그림을 보면 알 수 있듯이, 둘러싸는 방법으로는 명시적으로 선을 사용해 둘러싸는 방법과 그룹화하고자 하는 부분의 배경 색을 바꾸는 방법이 있습니다.

이를 활용해 데이터 시각화에서는 예측과 실적으로 둘러싼 부분과 그렇지 않은 부분을 나누어 컨텍스트 변화를 표현할 수 있습니다.

■ 인클로저 법칙 예시

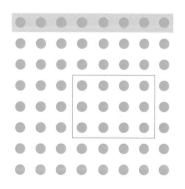

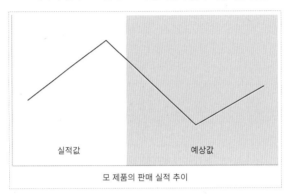

■ 예측과 실적으로 컨텍스트가 변하는 부분에 배경색을 넣음

실적값   예상값

모 제품의 판매 실적 추이

폐쇄성 법칙(Low of Closure)

폐쇄성 법칙은 빠진 부분이 있더라도 머릿속에 기존에 가지고 있던 이미지와 눈으로 본 대상을 매핑하려고 하는 법칙입니다.

예를 들어 다음 그림에 나타난 것들을 하나의 도형으로 인식하고, 무의식적으로 끊어진 부분을 포함해 원형(왼쪽) 혹은 사각형(오른쪽)으로 인식하는 것입니다.

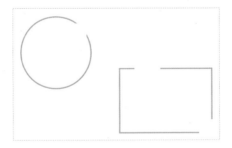

■ 폐쇄성 법칙 예시

몇몇 분석 소프트웨어에서는 다음 그림처럼 배경에 그림자를 기본적으로 적용해서 처리하지만, 이는 불필요하다는 것을 알 수 있습니다. 폐쇄성 법칙에 의해 그림자로 된 배경이 없더라도 이해할 수 있음을 알 수 있습니다. 테두리로 둘러싸지 않더라도 축과 그래프를 한 세트로 인식합니다.

■ 테두리가 없어도 이해할 수 있음

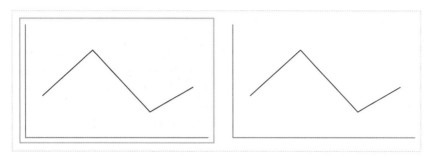

연속성 법칙(Law of Continuity)

연속성 법칙은 폐쇄성 법칙과 비슷합니다. 명시적으로 연속되지 않음에도 불구하고 연속성을 가지고 있다고 생각해 인식하는 것을 의미합니다.

다음 그림의 왼쪽 기호는 다양하게 해석될 수 있지만, (오른쪽처럼) 직선 2개가 교차하는 것으로 보기 쉽다고 말할 수 있습니다.

■ 연속성 법칙 예시

이 법칙은 막대그래프에서 자주 사용됩니다. 오른쪽 그림과 같은 막대그래프에서는 시작점의 축을 없애도 연속성 법칙에 의해 동일한 지점에서 시작하고 있는 것으로 인식합니다.

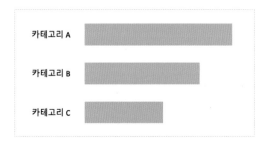
■ 연속성 법칙과 막대그래프

연결성 법칙(Law of Connection)

마지막 법칙은 연결성 법칙입니다. 사람은 물리적으로 연결된 여러 대상을 하나의 그룹으로 인식합니다. 물리적인 연결은 색이나 크기, 형태가 같은 것보다 더 강하게 인식됩니다.

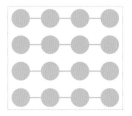
■ 연결성 법칙 예시

연결성 법칙을 활용한 것은 선 그래프입니다. 점을 연결해서 선 그래프로 표현함으로써 추이의 관계성을 표현합니다.

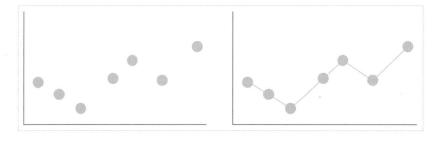
■ 점을 선으로 연결함

클러터

정리되지 않고 어지럽게 흩어져 있는 상태를 '클러터(Clutter)'라고 부릅니다. 데이터 시각화를 할 때는 이 클러터를 피해야만 합니다.

클러터는 오디언스의 이해를 돕는 것이 아니라, 상태를 더욱 복잡하게 만드는 불필요한 요소이기 때문입니다. 정리되지 않고 흩어진 상태의 데이터가 오디언스에게 공개되면 대시보드나 데이터 시각화로부터 얻는 경험이 그리 좋지 않습니다.

사람들은 정리되지 않고 흩어져 있는 상태를 이해하기 위해 시간을 들이지 않기 때문에 클러터 상태의 대시보드나 데이터 시각화 또한 쳐다보지 않습니다.

클러터를 없애자

앞에서 게슈탈트 법칙을 이해했다면 이제 '어지럽게 흩어진 상태'의 그래프를 수정할 수 있는 힘을 갖게 됐을 것입니다.

다음 그림의 왼쪽과 같은 막대그래프를 만든 적이 있습니까?

■ 막대그래프 수정 예시

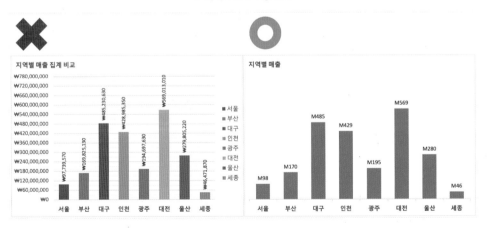

오른쪽 그림은 깔끔하게 정리되어 있습니다. 정리한 부분은 다음과 같습니다.

- 값을 직접 표시함으로써 축 라벨 삭제

- 불필요한 눈금 선 삭제

- 가로축에 지역이 표시되어 있으므로 범례 삭제

- 테두리 선 삭제

- 막대그래프의 색 수 줄임

지금까지의 내용을 읽은 사람이라면 위 내용 모두가 인지 부하를 없애는 작업임을 이해할 수 있을 것입니다.

무엇을 버릴지에 대한 결정은 무엇에 주목하게 할 것인가에 대한 결정이라고도 할 수 있습니다.

데이터 시각화를 함에 있어 오디언스가 중요한 정보를 신속하게 이해할 수 있게 시각 속성과 데이터 타입을 고려하는 것이 기본 중의 기본입니다.

앞에서 설명한 내용은 데이터 시각화를 이해하기 위한 필수 지식이기도 하지만, 데이터 시각화를 이제 막 시작한 분들에게는 다소 전문적인 내용이었을 수도 있습니다. 하지만 이 내용을 숙지하고 있으면 진정한 의미로 데이터 시각화의 뒷면을 '이해하고 읽어낼 수 있게' 될 것입니다.

과거에 회사나 조직 안에서 데이터 시각화와 관련해 위화감이 느껴지는 지시를 받아본 경험이 있는 사람도 있을 것입니다. 하지만 데이터 시각화의 다양한 원칙을 알고 나면 왜 여러분이 만든 것이 나은지, 그 표현이 적절한 이유는 무엇인지에 대해 논리적으로 설명할 수 있습니다.

이제 이 지식을 활용해 여러분 주변 사람들에게 데이터 시각화에 좋은 것이 무엇인지, 어떻게 하면 더 좋아지는지를 제안할 수 있고 여러분의 작품도 한 단계 레벨-업 할 수 있을 것입니다.

2_장

2 장

이것만 알면 여러분도 전문가!

· ·

이번 장에서는 조금만 의식해도 데이터 시각화 작품의 수준을 한층 높일 수 있는 기법들을 소개합니다. 데이터 시각화 기술 체계에 관한 전체적인 이미지에 아직 익숙하지 않더라도 이번 장에서 설명하는 내용을 활용하는 것만으로 단번에 세련된 데이터 시각화 작품을 지속해서 만들 수 있습니다.

이번 장에서 소개하는 내용은 말이나 글로 표현하면 지극히 당연한 것입니다. 하지만 전문성은 당연한 것들을 지속적이고 세련된 형태로 실행하느냐 아니냐에 따라 결정됩니다.

데이터 시각화는 단순하게 '시각화'라고 말할 수 있을 만큼 모든 것이 시각화되어 있어 우리는 만들어진 모든 것을 보고 이해하고 있다고 생각할지 모릅니다. 하지만 색이나 눈금 선 등 '평소 모든 사람이 수없이 봤음에도 불구하고 알아채지 못한 것'도 존재합니다. '보인다고 생각했지만 알아차리지 못했던 것들'을 의식하게 할 수 있는지가 데이터 시각화 스킬을 높이는 열쇠라고 할 수 있습니다.

2-1 색

색의 기초

색은 데이터 시각화에 있어 가장 강력한 시각 속성이지만, 그만큼 잘못 이용하기도 쉽습니다. 이 절에서는 여러분이 전달하고자 하는 메시지에 맞게 색을 효과적으로 사용할 수 있는 힌트를 설명합니다.

색의 모범 예제를 한마디로 요약하자면, 사용하는 색의 수 줄이기입니다. 여러 연구 결과에서 사람이 동시에 인식할 수 있는 색은 최대 8가지라고 알려져 있습니다.

하지만 필자의 경우 비즈니스 대시보드에서 사용하는 색은 대부분 4가지 이하로 제한합니다. 8가지 색도 비즈니스에서는 인식의 부담을 높인다고 생각하기 때문입니다. 상황에 따라서는 색의 수를 더 줄여서 하나의 대시보드를 3가지 색으로 만들기도 합니다.

데이터 시각화 세계에서는 '단순함이 최고다(simple is best)', '항상 단순하게'라고 자주 말하는 것을 들어봤을 것입니다. 그 원칙은 색에도 적용됩니다. 그러므로 '색 사용법은 어렵다…'라며 고민하는 사람이 많지만, 그럴 때는 단호하게 '색을 사용하려고 하지 않아야' 합니다. '어떤 색을 사용할까?'는 덧셈식 발상이 아니라 처음부터 색을 사용하지 않으려는 뺄셈식 발상을 하는 것입니다.

막대그래프를 만들 때 다음 그림처럼 색을 사용한 경험이 있습니까?

■ 여러 분류에서 카테고리 컬러를 사용한 예시

최근 분석 도구나 BI 도구는 색 표현을 유연하게 하는 기능으로도 자유도가 높아, 점점 많은 색을 사용하게 되기 쉽습니다. 특별한 문맥이나 이유가 없다면 색의 가짓수를 줄여 단순하게 만듭니다.

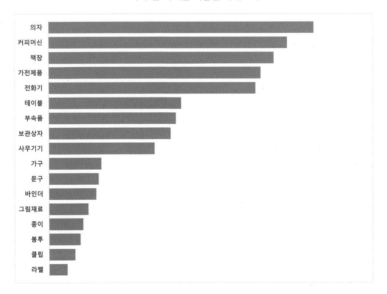

■ 회색 한 가지만 사용한 막대그래프

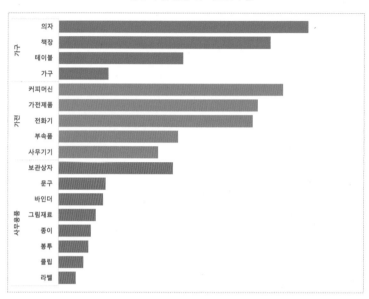

분류 수를 줄인 뒤 색으로 구분

카테고리에 따라 색을 부여할 때는 3가지 종류 정도에서는 깔끔한 느낌을 받을 수 있습니다.

그러나 '단순하게 만든다', '색을 줄인다'라고 말해도 효과적인 방법을 모르는 사람도 있을 것입니다.

그런 분들을 위해 몇 가지 규칙을 소개합니다. 기본적으로 그레이스케일을 기반으로 단순하게 정리할 수 있습니다.

그레이스케일 예시

가장 넓은 면적을 사용하는 배경에는 흰색이나 회색, 검은색 등을 권장합니다. 다음 그림은 배경에 그레이스케일을 기초로 데이터를 시각화한 예시입니다.

■ 'Experienced countries for my business trip in 2018'(필자 작성)

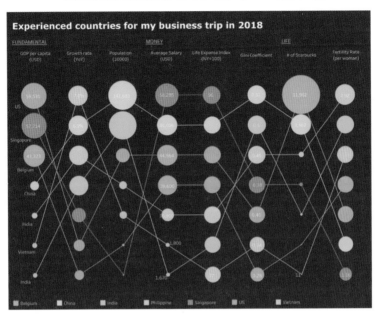

URL https://public.tableau.com/profile/yukari.nagata0623#!/vizhome/Experiencedcountiresformybusinesstrip
in2018/Dashboard

■ 'Diverse Diners' Hesham Eissa 작품

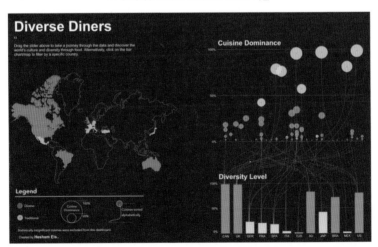

URL https://public.tableau.com/en-gb/profile/hesham3827#!/vizhome/DiverseDiners/Balloons

■ 'Tech Workers and San Francisco | Eviction'(필자 작성)

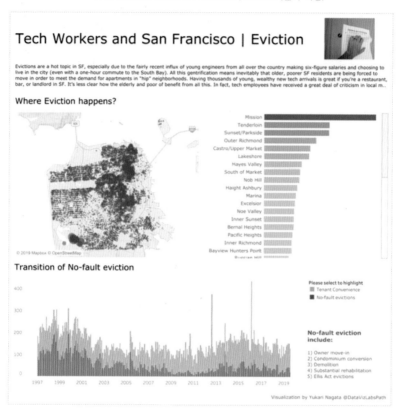

■ 'Seasonal Trends in US Car Accidents' Andy Cotgreave 작품

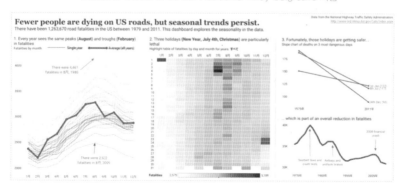

또한 가장 많은 면직을 사용하는 부분에는 다음 색을 추천합니다.

■ 베이스 색상(배경 등)으로 추천하는 6가지 색상

■ 탁한 느낌의 색도 배경색으로 추천

색은 데이터 시각화 작품을 '화려하게' 포장하는 목적으로 사용되지 않습니다. 훌륭한 데이터 시각화는 적은 수의 색을 사용해 만들어진 것이 많습니다.

색을 분명한 목적과 의도에 따라 이용해야 합니다. 오디언스의 주의를 끌기 위한 것인지, 혹은 카테고리 분류를 위한 것인지, 양(스케일)을 비교하기 위한 것인지에 따라 색 사용이 달라집니다.

강조 색상으로는 다음 색상을 추천합니다.

■ 강조 색상

이 색상들은 특정 카테고리를 모니터링할 때 해당 부분의 하이라이트에서 사용합니다.

강조 색상과 비슷한 경고, 다시 말해 어떤 알림을 위한 용도로는 다음 색상을 추천합니다. KPI 미달성, 예산 준수 여부 등을 파악할 때 이용할 수 있습니다.

■ 경고에 사용하는 색상 예시

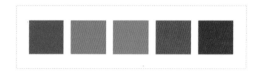

이 밖에도 색에 관해서는 지식 면에서 알아두면 좋은 점이 많습니다. 하지만 이 책은 배색과 관련된 근본 개념이나 상세한 지식을 알리는 것이 아니라, 어디까지나 데이터 시각화를 다루는 비즈니스 사용자에게 즉시 도움이 되는 것을 목표로 하기에 이 정도로 설명을 마칩니다.

색 조합에 어려움을 겪고 있다면 다음 그림과 같은 컬러 팔레트를 활용해 빠르게 자동으로 배색을 만드는 것 또한 분주한 비즈니스 담당자에게는 추천합니다.

Adobe Color CC

URL https://color.adobe.com/ko/create/color-wheel

■ Adobe Color CC

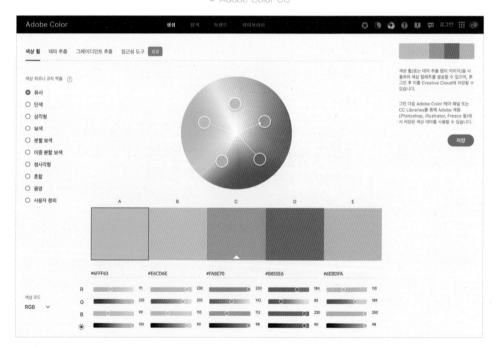

■ 100 Color Palette for Tableau (Neli Ricarhds 작)

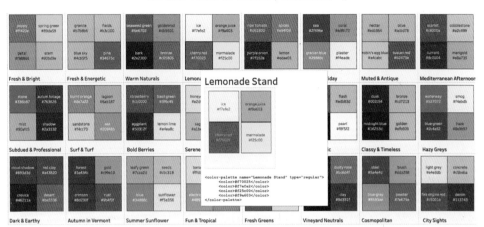

URL https://public.tableau.com/ja-jp/gallery/100-color-palettes

다음으로 배색 비율 기준에 관해 설명합니다. 베이스 색상(배경 혹은 가장 많은 면적을 차지하는 부분), 메인 색상, 강조 색상 순서 기준입니다. 이는 절대적인 기준은 아니며 대략적으로 다음 그림을 기준으로 생각하면 좋습니다.

■ 적절한 배색 비율 기준

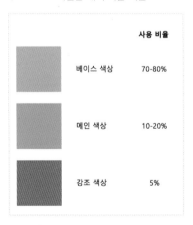

		사용 비율
	베이스 색상	70-80%
	메인 색상	10-20%
	강조 색상	5%

베이스 색상이란 배경과 같이 대시보드의 가장 넓은 부분을 차지하는 색입니다. 데이터 시각화 표현 방법에 따라 배경이 아닐 수도 있습니다.

비즈니스 시각화에서는 색의 수를 가능한 3~4개로 줄이고, 변화를 주고 싶은 부분은 '채도'로 조정하는 것을 권장합니다. 채도란 색의 '선명함'을 의미합니다. 일반적으로 채도가 높으면 진하고 선명한 색조가 되며, 채도가 낮으면 칙칙한 색조가 됩니다

■ 채도

색은 여러분의 데이터 시각화에서 주의를 끌고, 정보를 빠르게 전달하는 데 매우 편리한 도구입니다. 하이라이트를 사용하면 해당 항목이 중요함을 직감적으로 보고 이해할 수 있습니다.

하지만 많은 대시보드에서 색이 너무 많이 사용되고 있습니다. 많은 색을 하나의 대시보드에 넣으면 그만큼 노이즈가 많이 만들어집니다. 노이즈가 많을수록 시사점을 얻기까지 헤매기 쉽다는 점은 굳이 말할 필요가 없을 것입니다.

데이터 시각화를 마친 뒤에는 한 걸음 물러서서 여러분이 만든 작품을 객관적으로 확인해 봅니다. 그리고 그 색을 반드시 사용해야만 하는지, 그만큼 많은 색이 필요한지 스스로 묻고 답해 보기 바랍니다.

2-2 텍스트

앞에서 설명한 것처럼 데이터 시각화는 그저 차트(그래프)를 만드는 작업이 아닙니다. 효과적인 '텍스트(문자)' 사용법 또한 데이터 시각화의 한 부분입니다. 제목, 부제, 라벨, 푸터 등 모두가 해당됩니다. 적절한 텍스트는 오디언스의 이해를 촉진하고, 더욱 뛰어난 데이터 시각화를 할 수 있게 해줍니다.

이번 절에서는 데이터 시각화에서 효과적으로 텍스트를 사용하는 방법을 학습합니다.

텍스트의 역할

데이터 시각화에서 텍스트는 생각보다 훨씬 다양한 역할을 합니다. 지금까지 숫자 나열은 피하자고 설명했기 때문에 '데이터 시각화란 차트(그래프)를 만드는 것이 아닌가?'라고 생각하는 사람도 있을 것입니다.

지금까지 여러분은 사용하는 도구나 소프트웨어 설정이 그렇다는 이유를 핑계로 무의식적으로 텍스트를 배치하거나 쓰거나 축의 라벨을 만들었을지도 모릅니다. 하지만 사실 텍스트는 주로 다음과 같은 역할을 합니다. 항목 사이에 약간의 중복이 있기는 하지만, 알기 쉽게 역할을 세세하게 나눴습니다.

- 주제를 명시한다.
- 설명한다.
- 라벨을 부여한다.
- 문맥을 보충한다.
- 조작을 돕는다(가이드).
- 세부 내용을 보충한다.
- 하이라이트한다.

지금 사용하는 도구나 소프트웨어의 기본 설정이라는 이유로 문자를 배치하는 것이 아니라, 텍스트의 역할을 이해하고 텍스트를 통제 하에 잘 사용함으로써 데이터 시각화를 이용해 오디언스에게 좀 더 효과적인 메시지를 전달할 수 있습니다.

많은 대시보드에서 오디언스가 수행할 조작에 관한 가이드를 완전하게 제공하지 않습니다. 데이터 분석이나 시각화가 진행되면 누구라도 처음 봤을 때의 감각을 잊어버리기 때문입니다. 자신이 이해하기 때문에 상대방도 이해할 것이라고 생각하기 쉽습니다. 여러분의 오디언스가 여러분이 만든 대시보드를 처음 본다면 그것을 어떻게 조작해야 할지 당연히 알지 못할 것입니다. 이번 절에서는 오디언스를 고려해 오디언스의 뇌의 흐름을 간과하지 않으면서 여러분의 의도를 효과적이고 정확하게 전달하기 위한 텍스트 사용 기법을 학습합니다.

다음 그림은 앞에서 설명한 텍스트의 다양한 역할을 복합적/효과적으로 사용한 예입니다.

■ 'DEPTH PERCEPTION' / JR Copreros 작

URL https://public.tableau.com/en-us/gallery/are-nba-players-shooting-better-bubble?tab=featured&topic=all&type=featured

이 데이터 시각화 작품에서 사용된 기법은 다음과 같습니다.

- 제목에 주제를 명시함으로써 어떤 정보에 관한 데이터 시각화인지를 오디언스에게 이해시킴

- 부제에 더 많은 정보를 보충함

- 라벨을 사용해 상세 정보를 보충함. 적절한 폰트 크기를 사용해 깔끔한 느낌을 유지함

- 주석을 사용해 더 자세한 내용을 보충함

- 오디언스의 조작(클릭)을 유도하는 친절한 가이드

이 외에 대표적인 텍스트의 역할을 살펴봅시다.

주제를 명시한다

제목에 주제를 명시하는 것은 데이터 시각화에서 '무엇에 관한 분석 혹은 시각화인지'에 대한 의미를 전달하는 역할을 합니다.

오른쪽 그림은 'Iraq's bloody toll(이라 크 전쟁의 희생자 수)'라는 작품입니다. 이 데이터 가시화 작품은 빨간 막대그래 프가 위쪽을 기점으로 아래 방향으로 배 치되어 있어, 피가 흐르는 듯한 이미지를 전달합니다. 제목은 '이라크 전쟁의 희생 자 수'로 얼마나 많은 사람이 피를 흘렸는 지 이해할 수 있어 전달하고자 하는 컨텍 스트와 매우 잘 어울립니다.

'Iraq's bloody toll' / Simon Scarr 작

URL http://www.simonscarr.com/iraqs-bloody-toll

■ 'Iraq's bloody toll'

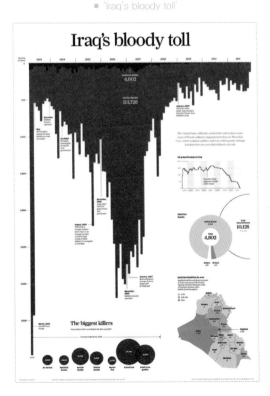

이번에는 제목을 '이라크 전쟁: 사상자 감소'로 바꾸고, 이 주제에 맞춰 아래쪽으로 증가하던 막대 그래프를 반전시키고 색을 바꾸었습니다.

■ 'Iraq: Deaths on the Decline'

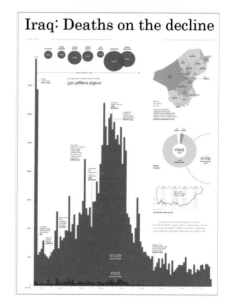

'Iraq: Death on the decline' / Andy Cotgreave 작

URL https://www.infoworld.com/article/3088166/why-how-to-lie-with-statistics-did-us-a-disservice.html

같은 데이터를 사용해도 제목이나 표현 방법에 따라 주제가 달라지며, 그에 따라 오디언스가 받아들이는 메시지도 바뀝니다.

앞의 예시에서는 잔혹함이 강조되고, 뒤의 예시에서는 희생자가 감소하고 있다는 희망적인 메시지로 해석할 수 있습니다. 오디언스는 주어진 주제대로 이해하려고 하므로 주제에 맞춰 데이터를 시각화해서 정리하는 것이 매우 중요합니다.

이 데이터 가시화는 매우 유명합니다. 데이터 가시화에서 제목뿐만 아니라 '전달하고자 하는 메시지를 명확하게 해야 한다는 중요성'을 강조합니다.

효과적인 제목과 부제

데이터 가시화에서 제목은 오디언스의 눈에 가장 먼저 보이며, 여러분이 데이터 가시화를 통해 무엇을 하려고 하는지 이해하기 위한 첫 번째 계기가 됩니다. 제목은 여러분이 데이터를 사용해 무엇을 하고자 하는지 알 수 있는 것, 즉 핵심 메시지가 포함되어 있어야만 합니다. 같은 데이터를 사용해도 다르게 분석하면 제목이 달라질 것입니다. 작품에 따라 궁금증을 일으키는 제목, 혹은 도발적인 제목이 적합할 때도 있습니다. 하지만 어떤 제목을 사용하든 오디언스의 오해를 유발하는 제목은 피해야 합니다.

라벨

라벨은 여러분이 사용하는 데이터 시각화에서 레퍼런스(참조) 역할을 합니다. 그리고 라벨을 넣으면 눈금 선이나 축을 삭제할 수도 있습니다. 주석 등으로 보충을 하고 싶지 않을 때 개별적인 라벨로 구체적인 숫자를 표시하면 매우 편리합니다.

라벨을 붙임으로써 대부분의 눈금 선을 지울 수 있기 때문에 깔끔한 느낌을 유지할 수 있습니다.

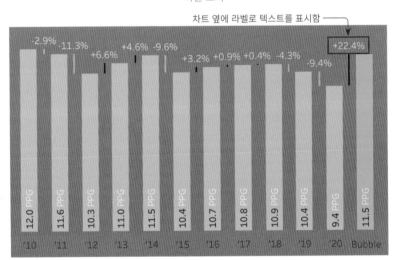

■ 라벨 표시

BANs(Big A$$ Numbers)

'BANs'는 '중요한 것은 크게 표시하라'는 의미입니다. 다음 그림을 보기 바랍니다.

■ 'Premiere League Matches' / Daniel Ling 작

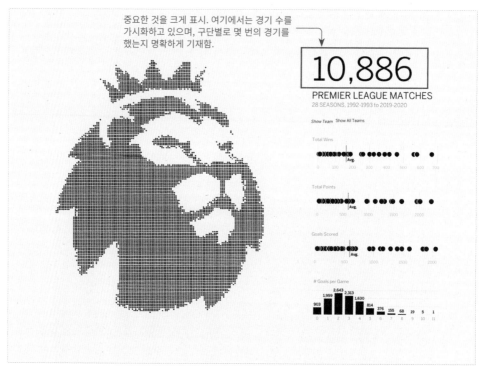

'Premiere League Matches' / Daniel Ling 작

URL https://public.tableau.com/profile/daniel.ling#!/vizhome/10886PremierLeagueMatches_28Seasons/28PremierLeagueSeasons

데이터 시각화에서 중요한 것을 '크게' 표시하는 것은 간단하고도 멋진 기법입니다. 중요한 지표를 하이라이트함으로써 구체적인 성적 혹은 숫자로 의식을 직접 돌릴 수 있기 때문입니다. BANs를 의식함으로써 구체적인 숫자와 차트를 함께 봄으로써 데이터가 말하고자 하는 바를 더 깊이 이해할 수 있습니다.

다음은 'BANs'를 잘 사용하기 위한 네 가지 팁입니다.

- 중요한 지표는 큰 폰트를 사용해 가능한 한 큰 임팩트를 준다.

- 색을 부여한다.

- 동적으로 표현한다.

- 여백을 충분히 사용한다.

다음 그림은 BANs를 효과적으로 사용한 예시입니다.

■ 'TOP 30 FAST FOOD CHAINS IN AMERICA' / Daniel Ling 작

URL https://public.tableau.com/profile/daniel.ling#!/vizhome/Top30FastFoodChains_
MakeoverMonday_2019_50/Top30FastFoodChainsinAmerica

위쪽 텍스트로 명확하게 금액과 숫자를 표기함으로써 중요한 내용을 직접 전달하고 있습니다.

■ 'DS19s FIRST TRAINING DASHBOARD' / Andy Kriebel 작

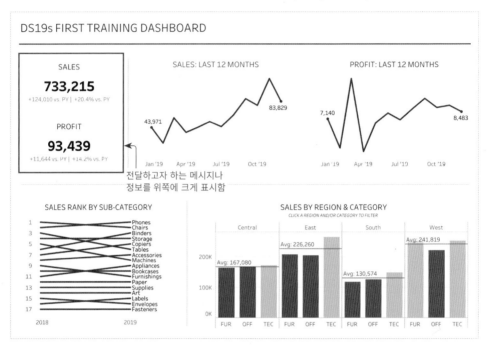

전달하고자 하는 메시지나
정보를 위쪽에 크게 표시함

URL https://public.tableau.com/profile/andy.kriebel#!/vizhome/DS19FirstDashboard/Dashboard1

폰트

평소 여러분은 어떻게 폰트를 선택합니까? 운영체제에 따라 설치된 폰트가 다르며, 선호하는
폰트를 개별적으로 설치하는 사람도 있습니다. 또한 도구에 따라 고유의 폰트가 기본 설치된
경우도 있습니다.

■ 태블로에서의 폰트 선택

여기에서는 개인적으로 자주 사용하는 태블로의 예제를 들어
설명합니다. 태블로에서 사용할 수 있는 기본 폰트는 데이터
시각화와 잘 어울리며, 온라인상에서 크기를 줄여도 가독성
이 높게 최적화되어 있습니다.

여러분이 이용하는 도구에서 사용할 수 있는 폰트에서 반드시 다음 사항을 확인하기 바랍니다.

- 웹 브라우저에서 읽기 쉬운가?

- 폰트 크기가 작을 때도 가독성이 높은가?

또한 '색' 수는 앞의 설명처럼 줄이면 되겠지만, 폰트 수는 어떻게 하는 것이 좋을까요? 결론부터 말하자면, 폰트 수 또한 줄여야 합니다.

비즈니스 현장에서 사용한다면 폰트는 2종류 이하로 제한하는 것이 좋습니다. 색상 절에서도 설명했지만, 사람은 '다른 것'에 관해 무의식적으로 그 의미를 찾습니다. 시각 속성 부분에서도 설명했습니다. 그렇기 때문에 색과 마찬가지로 이용하는 폰트 수를 늘리면 혼란스러워지고, 디자인 관점에서도 통일감이 떨어져 흔한 인상을 줍니다. 폰트 크기 수도 같은 이유로 4가지 이하로 하는 것이 좋습니다.

그럼에도 불구하고 어쩔 수 없이 변화를 줘야 할 때는 폰트 종류를 늘리지 말고, 다음과 같이 폰트 스타일로 강조하면 통일감을 유지한 채 변화를 줄 수 있습니다.

■ 볼드나 이탤릭을 이용한 폰트 느낌 변화

Century Gothic Light
Century Gothic Bold
Century Gothic Italic

폰트 종류의 경우 필자는 Century Gothic을 많이 사용하며 해외의 톱 사용자들 또한 Century Gothic을 많이 사용합니다. 데이터 시각화용으로 다음 폰트도 추천합니다.

- Arial

- Trebuchet MS

- Verdana

- Times New Roman

- Lucida sans

- Consolas

- Segoe UI

- Myriad

텍스트도 훌륭한 데이터 시각화의 하나

다음 그림과 같은 차트를 만들어 본 경험이 있습니까?

두 가지를 비교하기 위해 데이터 시각화 공간을 막대 2개로 표시했습니다.

■ 비교 대상이 2가지일 때의 막대그래프

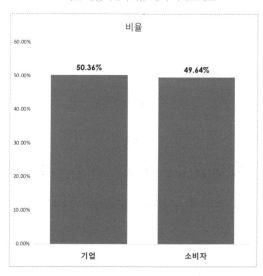

이는 '틀린 것'은 아니지만, 알리고자 하는 것이 비율의 숫자이므로 이 두 가지만 비교할 때는 다음 쪽 그림과 같이 텍스트를 이용해 간결하게 직접 표현하는 것도 좋은 방법입니다.

■ 텍스트를 이용해 직접적으로 표현

2018년 매출 비율 (고객 별)

기업	**50.36%**
소비자	**49.64%**

오디언스나 목적에 따라 다음 그림과 같이 표현할 수도 있습니다. 이는 포스터 등에도 이용할 수 있는 방법입니다.

■ 텍스트 표현 예시

2018년 매출 고객 분류 중,

50.36%

가 '기업'입니다.

구체적인 숫자를 표현하는 다른 예시도 살펴봅니다. 숫자는 다음과 같이 표시할 수도 있습니다.

■ 구체적인 숫자를 표시하는 예시

숫자 그대로 표시	픽토그램	텍스트로 표시
35%	624명 146명	five

다음은 배경색을 바꿔서 숫자의 차이를 알게 한 하이라이트 테이블입니다. 개별 숫자를 볼 수 있을 뿐만 아니라 색의 진하기를 이용해 상대적인 분포 정도를 빠르게 파악할 수 있습니다.

■ 하이라이트 테이블

	2015	2016	2017	2018
1월	2,042,420	1,950,361	2,787,258	3,543,034
2월	1,407,871	3,317,744	2,721,069	3,347,116
3월	2,112,334	2,860,580	3,836,270	3,615,664
4월	2,123,452	2,045,959	4,054,866	4,047,938
5월	4,411,742	6,770,175	8,456,625	7,598,056
6월	4,740,920	5,907,439	6,134,068	7,467,338
7월	2,855,201	2,047,179	2,554,437	4,231,340
8월	3,347,774	6,480,465	7,228,268	8,752,818
9월	3,850,971	5,044,205	5,976,359	8,881,966
10월	4,570,003	6,108,266	5,796,954	7,377,962
11월	1,441,825	6,161,479	6,337,346	5,912,118
12월	2,258,860	5,694,105	6,137,488	8,110,618

이처럼 데이터 시각화에서 숫자만 표시하는 것이 효과적일 때도 많습니다.

KPI와 같은 값을 텍스트로 나타낼 때는 특정 기간과 비교해 수치의 변화를 표시하기 위해 ↑, ▲ 등의 기호를 사용하면 곧바로 이해할 수 있습니다.

또한 텍스트만 사용하는 표현에서는 폰트 디자인이 매우 큰 영향을 미칩니다. 이번 장에서 설명한 것처럼 폰트도 신중하게 선택해야 합니다.

■ '기호'를 포함한 표현 예시

텍스트를 사용할 때는 '정보량을 제어한다'는 인식이 중요합니다.

세세한 숫자 라벨을 모두 표현하는 것이 좋은지, 그래프 형태로 바꾸는 것이 좋은지, 라벨로 표현하는 것이 좋은지, 숫자 자체는 숨기되 마우스 커서를 올렸을 때만 표시되게 하는 것이 좋은지 등 텍스트 표현을 할 때는 고려해야 할 옵션이 매우 많습니다.

그 옵션 중에서 어떤 표현이 좋은지 고려할 때의 기준은 역시 오디언스에 대한 철저한 배려입니다. 자세한 내용은 5장에서 설명합니다.

오디언스를 중심에 두고 친절하게 텍스트를 사용하면 정보를 좀 더 명확하게 여러분의 의도대로 전달할 수 있습니다.

텍스트를 없애도 여러분이 전달하고자 하는 메시지에 영향을 주지 않는다면 그 텍스트는 없애야 합니다. 불필요한 것은 가능한 없애는 편이 메시지 전달에 유리하기 때문입니다.

> **칼럼** 완벽한 것보다 빠르게 결과물을 내는 것을 의식한다
>
> BI 등을 분석 도구로 사용할 때 얻을 수 있는 큰 장점은 결과를 빠르게 얻을 수 있다는 점입니다. 간단하게 테스트할 수 있다는 점이 무엇보다 큰 장점입니다.
>
> 하지만 이런 장점을 충분히 이용하지 못하는 사람도 있을 것입니다. 데이터에 접속조차 하지 않고서 이런저런 생각에 깊이 잠겨 아무것도 하지 않는 상황입니다.
>
> 결과물을 빠르게 만드는 것이 중요한 이유는 무엇일까요? 결과물은 언제나 '구체적'이기 때문입니다. 품질이 가장 중요할지 모르지만, 자신 없더라도 결과물을 만들어 봅니다. 구체적인 대상이 있어야 구체적인 피드백을 얻을 수 있습니다.
>
> 구체적인 대상이 없다면 좋고 나쁨에 대한 논의조차 할 수 없습니다. 구체적인 결과물을 빠르게 만드는 것을 의식하는 것이야말로 데이터 분석이나 데이터 시각화가 갖는 최종적인 가치를 끌어내는 길입니다. 가치는 늘 구체적이어야 합니다.

2-3 레이아웃

대시보드를 볼 때 사람의 눈이 어떻게 움직이는지에 관해서는 오랜 기간 다양하게 연구되어 왔습니다. 오른쪽 그림은 BI 소프트웨어의 하나인 태블로 소프트웨어 리서치&디자인 팀이 아이 트래킹(Eye Tracking)을 조사하는 모습입니다.

■ 인스펙션

'시선 추적 연구: 모든 데이터 디자이너를 위한 5가지 핵심 교훈'에서 인용

URL https://www.tableau.com/ko-kr/about/blog/2017/6/eye-tracking-study-5-key-learnings-data-designers-everywhere-72395

■ 시선의 순서 조사 (보는 순서에 따라 숫자를 나열함)

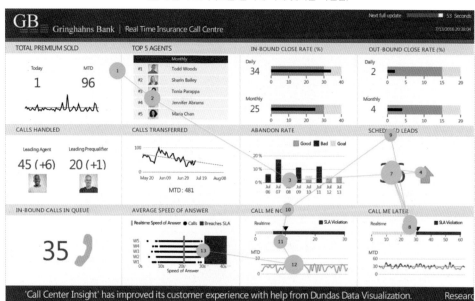

URL https://www.tableau.com/ko-kr/about/blog/2017/6/eye-tracking-study-5-key-learnings-data-designers-everywhere-72395

■ 웹 아티클에서의 시선 조사 (시선이 많이 머무는 곳이 빨갛게 표시됨)

■ 대시보드에서의 시선 조사 (시선이 많이 머무는 곳이 빨갛게 표시됨)

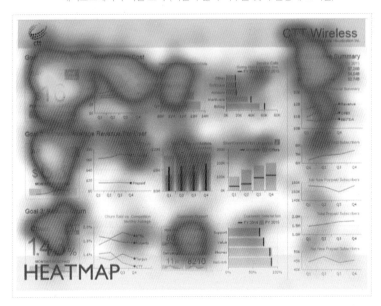

URL https://www.tableau.com/ko-kr/about/blog/2017/6/eye-tracking-study-5-key-learnings-data-
designers-everywhere-72395

위 내용을 보면 시선이 머무는 곳은 크게 알파벳 'F'와 유사한 형태임을 알 수 있습니다. 이로부
터 얻을 수 있는 대시보드 배치 전략은 다음 그림과 같습니다.

■ 대시보드 배치 전략

이 움직임에 맞춰 대시보드를 만들면 읽는 사람에게 가능한 한 부담을 주지 않으면서 내용을 이해하게 할 수 있습니다.

지금까지 설명한 내용을 바탕으로 할 때, 특별히 비즈니스 뉴스의 대시보드에서는 다음 그림과 같은 배치 전략을 선택하는 것이 리스크가 적은 기본 레이아웃임을 알 수 있습니다.

■ 리스크가 적은 레이아웃 예시

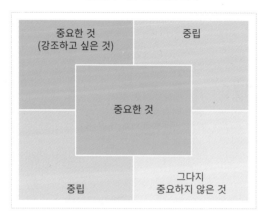

물론 다양한 관점이나 전체 디자인에 따라 배치의 우선도는 달라지지만, 큰 방향성에서 이를 따름으로써 오디언스의 인지 부하를 높이지 않도록 합니다.

데이터 시각화 분야의 공모전 등에서는 앞에서 설명한 '중요한 것'을 배치하기 위해 가운데 영역을 넓게 사용하는 경우도 많습니다. 하지만 비즈니스 상황에서는 중요한 것을 왼쪽 위에 배치한 사분면 형태를 사용하는 것이 좋습니다.

2-4 눈금 선

눈금 선을 줄이는 기법은 매우 간단하면서도 그야말로 전문가처럼 보이는 기법입니다. 여러분이 사용하는 데이터 시각화 도구들은 기본적으로 그래프에 눈금 선(테두리 선)을 그릴 것입니다. 그것을 조금 바꾸는 것으로도 효과를 얻을 수 있습니다.

먼저 다음 그림을 봅니다.

■ 테두리 선이 많은 표 예시

Order ID	Products	Price
KR-2019-1048795	키친 에이드 난로, 실버	₩592,840
KR-2019-2030106	충전기, 파랑	₩508,848
KR-2018-1750422	Novimex 회전 의자, 조정 가능	₩460,440
KR-2018-2057127	Barrick 회의실 책상, 검정	₩423,404
KR-2018-2567518	냉장고, 실버	₩416,064

이 상태로도 필요한 정보를 전달할 수는 있지만, 테두리 선을 없애고 행 사이를 넓히면 깔끔한 느낌과 함께 더 전문적인 느낌이 납니다.

■ 개선된 표 예시

Order ID	Products	Price
KR-2019-1048795	키친 에이드 난로, 실버	₩592,840
KR-2019-2030106	충전기, 파랑	₩508,848
KR-2018-1750422	Novimex 회전 의자, 조정 가능	₩460,440
KR-2018-2057127	Barrick 회의실 책상, 검정	₩423,404
KR-2018-2567518	냉장고, 실버	₩416,064

막대그래프도 마찬가지입니다. 다음 그림의 예시를 확인해 봅니다.

■ 일반적인 막대그래프

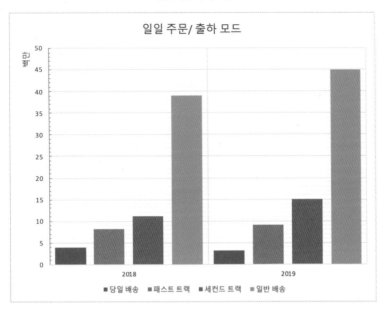

앞의 그래프에서 세세한 단위를 표시하는 보조 눈금 선을 없애 봅니다.

■ 테두리 선을 적절하게 조정

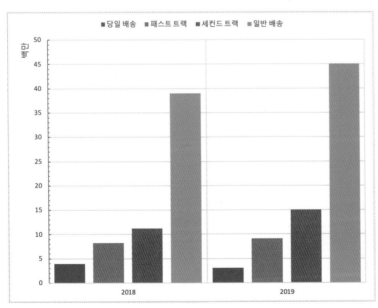

눈금 폭을 넓게 함으로써 전체적으로 느낌이 깔끔해졌습니다. 여러분이 사용하는 도구에 따라 눈금 선의 기본 설정이 다르겠지만, 가장 마지막에 선을 한 번 정리하는 것만으로도 보는 사람에게 주는 느낌을 상당히 바꿀 수 있습니다.

3장

목적에 맞는 차트 선택하기

··

이번 장에서는 데이터 시각화에서의 다양한 차트 유형에 관해 설명합니다.

각 차트 유형에 적합한 '목적'을 이해하면 데이터를 시각화하는 방법을 결정할 때의 단서를 얻을 수 있습니다.

지금까지 많은 사람이 이용했던 데이터 시각화 도구 혹은 소프트웨어에 기본으로 포함된 차트 유형을 무의식적으로 선택하고는 '이 정도면 어쨌든 되겠지...'라고 생각하면서 클릭한 경험이 있을 것입니다. 그러면서 내심 '뭔가 느낌이 오지 않는데...?'라는 느낌을 받기도 했을 것입니다. 이번 장의 내용을 읽고 나면 나타내고자 하는 대상에 맞는 적절한 유형의 차트가 있음을 알고, 여러분이 전달하고자 하는 메시지를 더 효과적으로 오디언스에게 전달할 수 있게 될 것입니다.

막대그래프나 선 그래프는 일반적인 유형의 차트지만, 이번 장에서는 아직 여러분이 익숙하지 않은 차트들도 소개할 것입니다. 처음 보거나 아직 익숙하지 않은 유형의 차트가 있다면 이번 장의 설명을 통해 데이터 시각화를 위한 '레퍼토리'를 어느 정도 갖게 될 것입니다. 또한 데이터 시각화 과정에서 좋은 표현 방법이 떠오르지 않아 곤란할 때는 이 장의 내용을 참고해 해결의 실마리를 찾아낼 수 있을 것입니다.

3-1 비주얼 애널리틱스 사이클

목적에 맞는 차트 선택에 관해 설명하기에 앞서 비주얼 애널리틱스 사이클(Visual Analytics Cycle)에 관해 설명합니다.

비주얼 애널리틱스(Visual Analytics)란 이 책에서 다루는 데이터 시각화(Visual)를 잘 활용하면서 효과적으로 데이터 분석(Analytics)을 수행하는 방법입니다. 즉, 데이터 시각화의 힘을 활용해 효과적인 분석을 수행함으로써 지금까지 예측하지 못한(예측할 수 없던) 것들을 쉽게 발견하고 통찰력을 얻을 수 있는 강력한 과정입니다.

데이터를 사용해 무언가 알고 싶은 것이 있을 때 가장 먼저 무엇을 해야 할까요?

바로 질문 정의입니다.

'내가 데이터 분석을 하려는 이유는 무엇인가?'라는 목적 자체가 분명하지 않으면 분석을 진행하는 과정에서 길을 잃어버리기 때문입니다.

하지만 가장 처음 정의한 질문의 답을 얻었다고 해서 데이터를 탐구하는 절차가 끝났다는 의미는 아닙니다. 처음 질문을 정의한 뒤 데이터 시각화를 하는 과정에서 새로운 질문 또는 좀 더 상세한 질문이 꼬리를 물 것이기 때문입니다. 그런 의미에서 데이터 탐색은 끝나지 않는 여행이라고 할 수 있습니다.

실제 데이터 시각화를 효과적으로 사용하는 비주얼 애널리틱스는 직선적인 프로세스가 아닙니다. 예를 들어 사용자의 질문을 해결할 수 있는 데이터를 찾고, 분석하기 위한 준비를 마쳤다고 가정해 봅시다. 하지만 분석 도중 다른 데이터가 필요하게 되고, 몇 단계를 거슬러 올라가 다시 데이터를 확보한 뒤 새롭게 데이터 가시화를 하면서 새로운 통찰을 얻습니다.

다음 그림은 비주얼 애널리틱스 사이클이라 불리는 것으로, 이 사이클은 직선적으로 이루어진 것이 아니라 각 단계를 반복하며 이루어집니다.

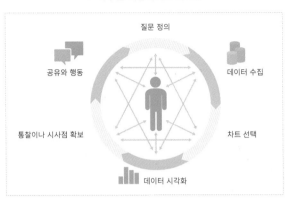

이 사이클은 기존의 폭포수(waterfall) 유형 흐름과는 그 특성이 다릅니다. 요구사항 수집에서 개발, 테스트 및 마일스톤(milestone)을 고수하는 환경이 아니라 사람이 선천적으로 가지고 있는 지적 호기심이나 창조성, 시각적 효과에 따른 힘을 발휘하는 사이클입니다. 이 사이클을 반복함으로써 새로운 질문에 도달하거나 더 상세한 질문을 끌어내거나 새로운 통찰을 발견하기 쉬우므로 '희미했던' 가설이 점점 분명해질 것입니다.

그 이유는 무엇일까요?

사람은 구체적인 결과물을 볼 때 비로소 구체적인 판단을 할 수 있기 때문입니다.

그럼 목적에 맞는 차트를 선택해 봅시다.

이 책에서 '데이터 시각화'라 부르는 것은 이 비주얼 애널리틱스 사이클의 '차트 선택', '데이터 시각화' 부분에 해당하는 것으로, 이후 설명할 '목적에 맞는 차트 선택'은 이 사이클을 빠르게 만드는 재료 중 하나입니다.

3-2 양 표시하기

양을 비교할 때 쓰는 일반적인 접근 방식으로 막대그래프(세로 또는 가로)가 있습니다. 막대그래프에는 다양한 표현이 있지만, 일반적으로 계산된 비율이나 퍼센트보다는 숫자를 그대로 사용해서 표현합니다.

막대그래프

사물의 비교, 양의 많고 적음을 표현하는 일반적인 방법입니다. 막대그래프는 세로와 가로 막대그래프가 있지만, 세로 막대그래프는 동시에 추이를 표현할 수 있으며, 가로 막대그래프는 카테고리 이름을 막대 안에 기입할 수 있어 카테고리 이름이 길 때 편리하게 사용할 수 있습니다. 상황에 맞춰 적절하게 선택합니다.

■ 막대그래프 예시

'Based on a True Story?' / Priyanka Dobhal 작

URL https://public.tableau.com/ko-kr/gallery/based-true-story?tab=viz-of-the-day&type=viz-of-the-day

어떤 상황이든 이용하기 편리한 막대그래프지만, 막대그래프를 만들 때 반드시 지켜야 할 점이 있습니다.

그것은 무엇일까요? 막대그래프를 한 번 더 자세히 살펴봅시다.

■ 막대그래프 구조

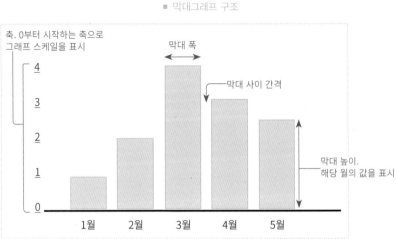

이 막대그래프에서는 Y축이 스케일을 의미하며, 막대의 '높이'가 각 달의 값을 표시합니다.

예를 들어 가장 첫 달인 1월의 막대 높이는 1단위, 가장 높은 3월의 막대 높이는 4단위입니다. 이 점이 매우 중요합니다.

이 막대그래프의 값에서 사용하는 시각 속성은 '높이(길이)'입니다. 값이 적을수록 막대 높이가 낮고, 값이 클수록 막대 높이가 높습니다. 3월 막대는 1월 막대의 4배이며 2월 막대의 2배입니다.

그러면 축이 0이 아니라 1부터 시작하면 어떨까요? 다음 그림을 확인해 봅시다.

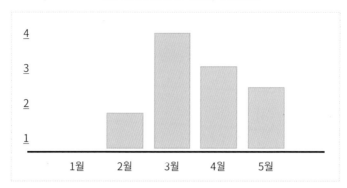

■ 0이 아니라 1부터 시작하는 막대그래프

3월 막대 높이는 2월 막대 높이의 2배가 아닙니다. 심지어 1월 막대는 지워졌습니다. 이 그림을 통해 축의 값이 0에서 시작하는 것의 의미를 알게 됐을 것입니다. 다시 말해, 이 그래프는 사실을 표현하지 못합니다.

막대그래프는 0부터 시작해야 합니다. 그렇지 않으면 막대 높이의 관계성이 부정확해집니다.

막대그래프는 그 양의 많고 적음을 직설적으로 보여줄 때 사용하기 쉬운 유형의 차트입니다. 하지만 '시작점은 0부터'라는 점에 주의해서 사용하기 바랍니다.

이와 관련해 3D 막대를 사용하면 시작점이 0이 되지 않으므로 3D는 사용하지 않아야 합니다. 다음 그림과 같은 차트를 본 적이 있습니까?

■ 3D 막대그래프는 사용 금지

동경대 합격!

1,244명 1,139명 1,290명

2015년부터 2016년의 합격자 수는 줄었지만, 막대그래프 높이는 높아졌음을 알 수 있습니다.

만약 '고객에게 좋은 숫자를 보여주고 싶다', '우리 비즈니스는 성장하고 있다', '성적이 향상되는 느낌을 표현하고 싶다'는 생각에서 앞과 같은 그래프를 만든다면 말하고자 하는 것을 강조한 나머지, 조작을 통해 잘못된 인식을 가지게 한 것으로 인식되어 신뢰를 잃게 될 것이므로 주의해야 합니다.

데이터 시각화를 할 때는 실제 숫자로 나타난 데이터에 근거해야 합니다.

한편, '데이터'와 아무런 연관성 없이 그저 분위기 때문에 '그래프'를 사용할 때가 있습니다. 이러한 예제를 광고나 텔레비전의 플립 보드 등에서 본 경험이 있을 것입니다. 데이터 시각화 방법을 몰라서든, 단순한 실수든, 혹은 자의적으로든, 이는 향상되는 분위기를 내려는 시도일 것입니다. 그 이유가 무엇이든 데이터 시각화를 하는 사람의 이런 행동은 신뢰를 잃는 지름길이므로 주의하기 바랍니다.

또한 오른쪽 그림의 예시도 마찬가지입니다. 이 막대그래프에는 '24% 매출 감소'라고 쓰여 있지만, 적어도 60% 이상 감소한 것처럼 보입니다.

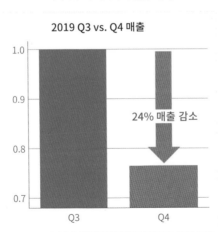

■ 축이 0부터 시작하지 않는 예시

생략을 의미하는 물결선을 이용한 경우도 마찬가지입니다. 다음 쪽 그림을 봅니다.

생략 물결선을 이용해 세로축 간격을 생략했습니다. 막대그래프가 '길이(높이)'로 상대적인 비교를 하는 그래프인 이상, 이를 생략하면 그 의미가 깨집니다. 생략 물결선 역시 사용하지 않는 것이 좋습니다.

■ 생략 물결선 사용 예시

또한 분석 기준으로 3개 요소를 사용할 때가 있습니다. 예를 들어 다음 그림과 같이 세로축, 가로축, 높이를 모두 분석 축으로 사용하는 패턴입니다.

■ 3개의 분석 축을 사용한 예

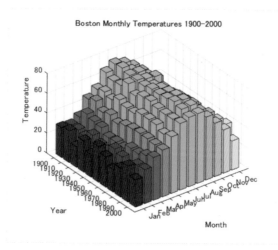

Boston Monthly Temperatures 1900–2000년

URL https://kr.mathworks.com/matlabcentral/mlc-downloads/downloads/submissions/35274/versions/3/
previews/html/Bar_Plot_3D.html

이런 때는 한 요소를 '축'이 아니라 '색'을 사용해 해결할 수 있습니다.

다음 그림은 앞에서 소개한 보스턴 지역 월별 기온 차트를 수정해 온도를 높이가 아니라 색으
로 표현한 것입니다. 앞의 차트에서는 3D로 표현했기 때문에 안쪽 데이터 일부가 보이지 않지
만, 이처럼 색으로 나타내면 세로축은 연도별 추이, 가로축은 월별 추이를 나타낼 수 있으며 시
간 추이의 빠짐없이 온도 변화를 한 번에 이해할 수 있습니다.

■ '색'을 이용한 문제 해결: 'Boston Avg Monthly Temp' / Larry Silverstein 작

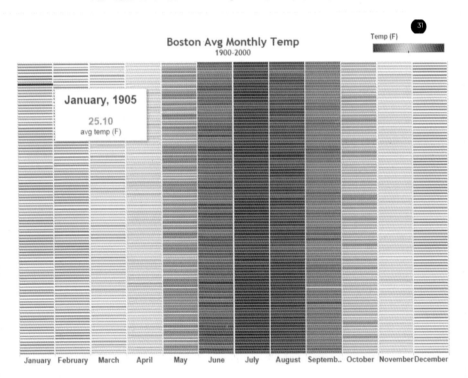

또한 양의 비교, 즉 양의 많고 적음을 한순간에 이해하기에 뛰어난 막대그래프에서는 막대를 세로로 배치하는 경우가 많습니다. 이와 관련해 라벨 배치와 관련된 문제가 있습니다.

다음과 같은 막대그래프를 본 적이 있습니까?

이런 헤더 라벨은 고개를 기울여서 보게 됩니다.

카테고리 사이의 어떤 양을 비교하는 데 있어, 그 이름 표기는 인지 부하를 낮추기 위해 매우 중요합니다. 그런데 라벨을 기울여서 표시하거나 일반적이지 않은 방식으로 표시하는 경우가 많습니다. 이는 도구에서 기본 설정되어 있는 경우가 많지만, 진달할 상대가 스트레스를 받지 않고 이해하기 쉬운지 지금 한 번 더 생각해 보기 바랍니다.

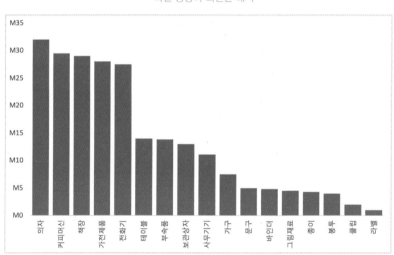

■ 라벨 방향이 회전된 예시

특히 규모가 큰 조직 안에서 사용하거나 고객에게 전달하려는 경우에는 특별히 주의해야 합니다. 왜냐하면 대각선으로 기울여서 쓴 라벨 등은 실제 전문가가 만든 창작물에서는 볼 수 없는 것으로, 단번에 '초보자가 만든 느낌'을 주기 때문입니다.

예를 들어 사용하는 도구가 기본적으로 이렇게 설정되어 있다면 차트 자체를 가로 막대그래프로 하는 것만으로도 깔끔해지며, 라벨 또한 자연스럽게 가로로 배치됩니다.

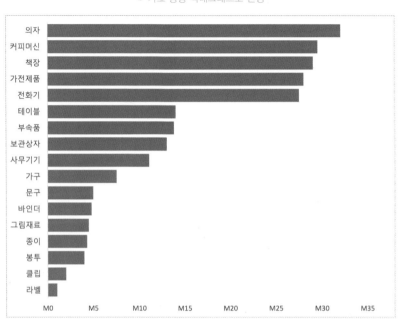

이와 함께 중요한 점이 한 가지 더 있습니다. 막대그래프의 방향을 가로나 세로 어느 쪽으로 하더라도 그 '순서'를 의식해야 한다는 점입니다. 많은 경우 특별한 의미 없이 그저 보이는 순서대로 늘어놓은 듯한 막대그래프를 봅니다. 사용하는 도구에 따라서는 라벨을 알파벳 순으로 표시하기도 합니다.

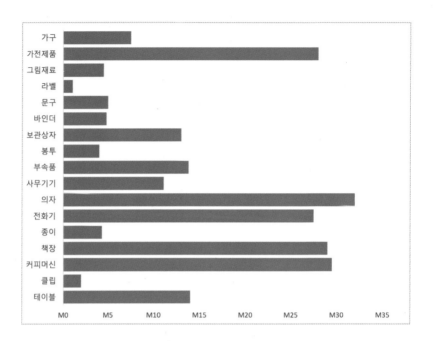

이럴 때는 다시 배치해 정렬함으로써 깔끔하게 정리합니다.

그러나 다루는 데이터나 분석 기준에 따라 정렬하지 않는 편이 좋을 때도 있습니다. 예를 들어 다음 그림과 같이 연령을 다룰 때는 그 특성상 값의 오름차순으로 해서는 안 됩니다. 연령 순서 가 중요하기 때문입니다.

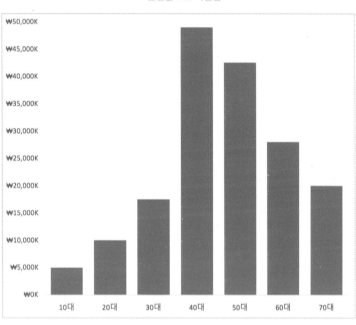

연령 등 그 자체로 순서를 가진 카테고리를 다룰 때는 정렬로 인해 오히려 혼란을 일으킬 수 있습니다.

막대그래프 팁

- 축은 0부터 시작한다.

- 3D는 사용하지 않는다.

- 막대 순서를 의식한다. 특정한 순서가 없는 카테고리라면 오름차순 혹은 내림차순으로 정렬한다.

여러 막대그래프를 나열하여 사용

여러 카테고리를 비교할 때는 막대그래프를 다음과 같은 형태로 사용할 수 있습니다.

■ 2개의 막대 셋을 사용한 그래프 예시

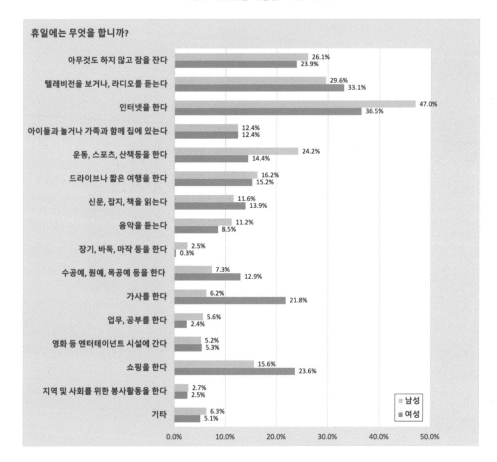

휴일에는 무엇을 합니까?

항목	남성	여성
아무것도 하지 않고 잠을 잔다	26.1%	23.9%
텔레비전을 보거나, 라디오를 듣는다	29.6%	33.1%
인터넷을 한다	47.0%	36.5%
아이들과 놀거나 가족과 함께 집에 있는다	12.4%	12.4%
운동, 스포츠, 산책등을 한다	24.2%	14.4%
드라이브나 짧은 여행을 한다	16.2%	15.2%
신문, 잡지, 책을 읽는다	11.6%	13.9%
음악을 듣는다	11.2%	8.5%
장기, 바둑, 마작 등을 한다	2.5%	0.3%
수공예, 원예, 목공예 등을 한다	7.3%	12.9%
가사를 한다	6.2%	21.8%
업무, 공부를 한다	5.6%	2.4%
영화 등 엔터테인먼트 시설에 간다	5.2%	5.3%
쇼핑을 한다	15.6%	23.6%
지역 및 사회를 위한 봉사활동을 한다	2.7%	2.5%
기타	6.3%	5.1%

막대그래프를 3개 이상 나열해 비교하면 부하가 발생하므로 주의하기 바랍니다.

채워진 버블

채워진 버블(packed bubble)은 버블 차트에서 파생된 유형입니다. 버블이 그리드에서 넓게 퍼지지 않고 밀집된 특징을 가집니다. 대량의 데이터를 좁은 공간에 표시할 수 있는 것이 포인트지만, 세세한 차이를 보기에는 적합하지 않다고 말할 수 있습니다.

비교 대상의 세세한 차이가 그리 중요하지 않으며 전체적인 양의 많고 적음을 이해하고자 할
때 이용할 수 있습니다.

다음 그림은 이 채워진 버블의 형태가 원형이라는 점을 효과적으로 활용해서 버블의 형태를 포
도송이처럼 구성함으로써 레드 와인과 화이트 와인의 각 품종이 재배되는 토지 면적을 깔끔하
게 시각화한 것입니다.

■ 채워진 버블 이용 예시

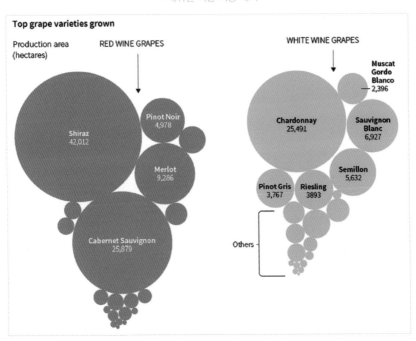

'Grape Expectation by C. Scarr, C. Chan and F. Foo (Reuters Graphics)'

URL https://uk.sagepub.com/en-gb/asi/big-data-statistics-digital-methods/data-visualisation

그리고 각 버블은 지름이 아닌 면적으로 양을 비교한다는 점이 중요합니다. 채워진 버블은 원
형뿐만 아니라 사각형이나 삼각형 등을 이용할 수도 있습니다. 하지만 특별한 이유가 없다면
비교하기 쉽고 좁은 공간에 배치하기 쉬운 원형(버블)을 권장합니다.

글머리 기호 차트

글머리 기호 차트(bullet chart)는 어떤 목표에 대해 어느 정도 도달했는지를 표현할 때 적합합니다. 구체적으로는 진척도, 성능 도달 상태 등이 있습니다. 예산과 실적 등 대비되는 대상을 비교할 때도 편리합니다.

글머리 기호 차트는 임의의 지점에 대한 도달 여부를 빠르게 판별할 수 있는 유형의 차트입니다. 같은 용도로 원 차트, 도넛 차트, 게이지 차트가 있지만, 불릿 그래프가 임곗값과 쉽고 직관적으로 비교할 수 있습니다.

■ 글머리 기호 차트 예시

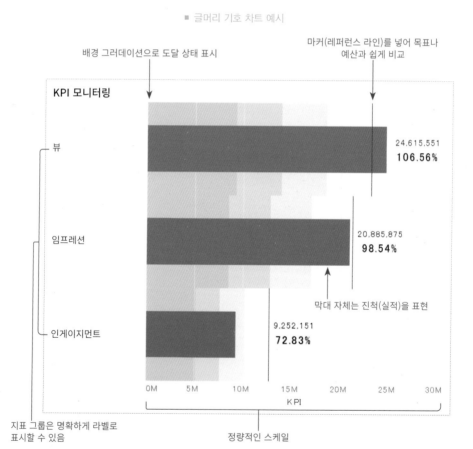

롤리팝 차트

롤리팝 차트(Lollipop Chart)는 막대그래프에서 파생된 유형으로, 좁은 공간에 많은 막대를 나열할 수 있게 막대 부분은 좁은 선, 끝부분은 작은 원으로 표현합니다. 막대그래프는 어떤 상황에도 사용할 수 있지만, 때로는 충분하지 못할 수 있습니다. 데이터 시각화에서는 단순하고도 직접적인 표현을 목표로 하는 것이 중요하므로 외적 표현 자체를 고려하는 것도 중요합니다. 보기에 좋지 않으면 애써 완성한 그래프임에도 한 번 보고 지나쳐 버릴 수 있어, 그래프를 이용해 전달하고자 했던 바를 전달할 수 없게 됩니다.

이런 상황에서 변화가 필요할 때 사용할 수 있는 것이 롤리팝 차트입니다. 약간 귀여운 느낌이 드는 디자인으로 막대 끝 원 부분에 숫자나 정보를 넣을 수도 있습니다.

■ 롤리팝 차트 예시

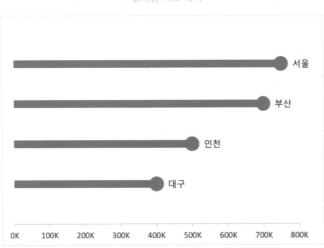

레이더 차트

레이더 차트(radar chart)는 여러 변수를 동시에 표시할 때 효과적입니다. 레이더 차트는 그 편리함 때문에 많은 영역에서 활용되는 차트이기도 하지만, 요소가 너무 많을 때는 여러 층으로 겹쳐서 표현해야 하기 때문에 오히려 사용하지 않는 편이 좋을 때도 있습니다.

오른쪽 그림은 빅 파이브 이론(Big Five Theory)이라고 불리는 사람의 성격 분류 방법에 기반해 축으로 레이더를 만든 뒤, 성격을 전체적으로 표현한 것입니다.

■ 레이더 차트 예시

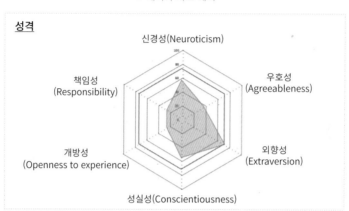

레이더 차트는 성격 분석 등 데이터를 사용한 인사 영역 분석에서 자주 활용됩니다. 평균값 등 기준이 되는 점수에 눈에 띄는 선(그림에서는 빨간색 선)을 넣고, 대상자의 실제 점수는 약간 투명한 색으로 표시함으로써 이해를 돕습니다.

도트 매트릭스 차트

도트 매트릭스 차트(dot-matrix chart)는 각 데이터 포인트를 점(.)으로 나타내고 점의 숫자로 양의 많고 적음을 비교합니다. 막대그래프를 대신해 사용할 수도 있습니다. 요소가 다를 때는 색으로 구분하면 이해하기 쉽습니다.

■ 도트 매트릭스 차트 예시

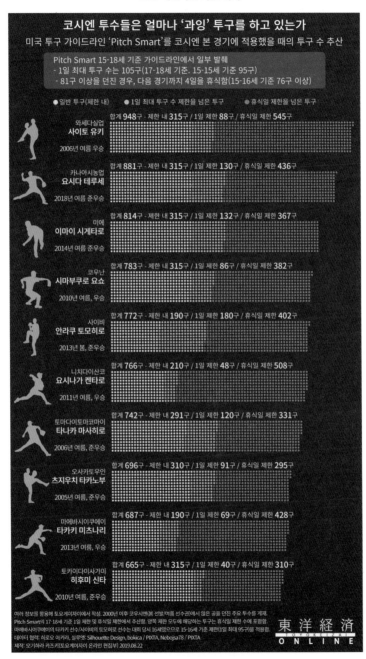

'코시엔 선수들은 얼마나 과잉 투구를 하는가?' (2019.8.22, 토요 케이자이 ONLINE)

URL https://toyokeizai.net/sp/visual/tko/overpitching/

3-3 비율 표시하기

어떤 대상의 분할/분류 상태, 전체 대비 그 비율의 정도를 표시합니다. 오디언스가 단순히 양이나 크기에 관심을 가질 때는 비율을 표시하는 유형의 차트가 아니라 직접적으로 양을 표시하는 유형의 차트를 이용합니다.

누적 막대그래프

누적 막대그래프는 전체에 대한 세그먼트별 비율을 표시할 때 이용할 수 있는 가장 간단한 표현 방법입니다. 막대의 길이가 전체 합계이며, 각 세그먼트가 어느 정도 되는지 비교할 수 있습니다.

■ 누적 막대그래프

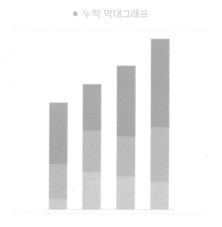

다음 그림은 100% 누적 막대그래프입니다. 100%는 각 기업의 직원 수를 의미하며, 남녀 구별을 명확하게 나타낸 효과적인 누적 막대그래프 사용 예시입니다.

■ 'Find out which company has diversity' / Satoshi Ganeko 작

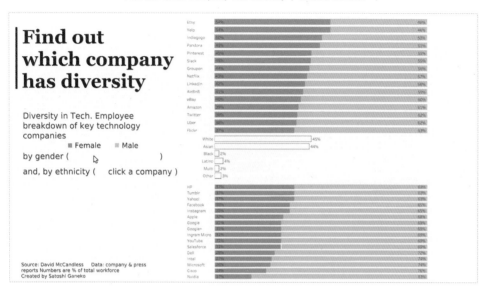

URL https://public.tableau.com/profile/satoshi.ganeko#!/vizhome/Tech_DiversityMOMweek462018/1

원그래프

원그래프는 비율을 표시하기 위한 일반적인 방법이지만, 각 요소의 크기를 비교하기는 어려우며, 무언가를 정확하게 이해하고자 할 때는 적합하지 않습니다.

그리고 원그래프는 미디어나 비즈니스 상황에서 매우 자주 사용하는 유형의 차트지만, 그만큼 잘못 이용하는 상황도 많으므로 그에 관해 자세히 설명합니다.

오른쪽 원그래프에서 세 번째로 큰 부분은 어디입니까?

■ 원그래프 1

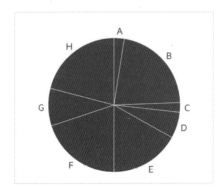

예시를 하나 더 보겠습니다. 다음 그림에서는 어떻습니까?

■ 원그래프 2

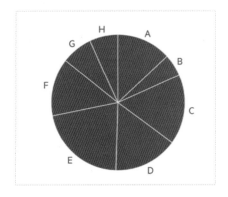

앞의 두 예시에서 알 수 있듯이 원그래프는 비교를 목적으로 시각화했음에도 불구하고 실제 비교를 하기는 어렵습니다.

원그래프를 이용할 때 느끼는 대표적인 어려움으로 다음과 같은 점을 들 수 있습니다.

- 분류가 3개 이상이 되면 결과적으로 비율을 거의 이해할 수 없을 때가 많다.
- 원그래프는 데이터를 '원'이라는 시각적 표시로 변환(인코딩)했지만, 결국 범례를 사용해야 하므로 그래프가 차지하는 공간은 원보다 넓어진다. 또한 범례는 시선을 분산시키므로 인지 부하가 높아진다.

- 원만으로는 비율이나 숫자를 알 수 없으므로 결국 모든 숫자를 원 안에 표시할 때가 많으며, 결과적으로 매우 복잡해져 인코딩 자체의 의미가 사라지기 쉽다.

- 비교를 위해 '색' 시각 속성을 사용해야 하기 때문에 필연적으로 색이 많아지며 인지 부하 또한 높아진다.

■ 인지 부하가 높아 이해하기 어려운 원그래프 예시

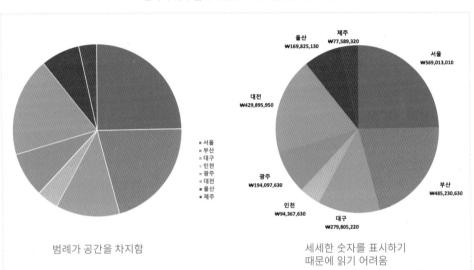

그리고 다음 그림은 시계열에서의 추이를 원그래프로 표현한 것입니다. 이런 것을 만들어서 연간 비교를 하려고 한 경험은 없습니까?

■ 매출 비율 추이(예시)

실제로 목적에 따라서는 이런 원그래프를 사용하는 것이 좋을 수도 있습니다. 예를 들어 전년 대비 대략적인 증가 혹은 감소 여부를 아는 것으로 충분한 상황 등이 그렇습니다.

그러나 시계열이나 분류에 따른 비교에서는 대략적인 느낌만 아는 것으로 충분한 상황이 그리 많지 않습니다. 이런 때는 일반적으로 다음과 같이 선 그래프를 이용합니다. 다음 그림은 앞의 그래프와 같은 데이터를 이용했지만, 좀 더 명확하게 경향을 이해할 수 있습니다.

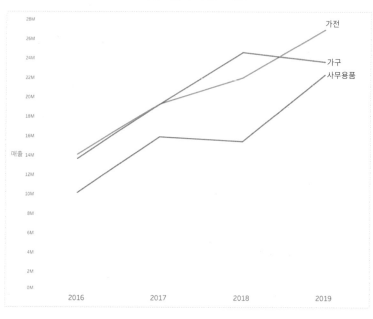

■ 매출 비율 추이 선 그래프

또한 원그래프는 자주 '3D'로 표현되는 유형의 차트입니다.

여러 도구나 소프트웨어에서 버튼 하나만으로 그래프를 3D로 바꾸는 기능을 제공하므로 편리할 수도 있습니다. '3D 차트는 아무튼 멋지다'라고 생각하는 사람도 많을지 모릅니다.

그러나 '멋짐'이 아니라 상대에게 올바로 전달되는가가 중요합니다.

데이터 시각화란 데이터를 사람의 시각 인지 신경계에 맞춰 통역하는 것이므로 상대방에게 전달되지 않는다면 아무 의미가 없으며 데이터 시각화로서의 품질도 낮아집니다.

물론 3D로 표시해야만 하는 입체적인 건축물이나 게임 등의 공간 표현이 있지만, 비즈니스 상황에서 데이터 시각화를 할 때 반드시 3D를 이용해야 하는 경우는 거의 없습니다.

예를 들어 다음 그림의 왼쪽과 같은 3D 차트를 만든 경험은 없습니까? A가 크게 보이기는 하지만, B 또한 크게 보입니다. 그리고 오른쪽 그림은 같은 그래프를 2D로 다시 만든 것입니다.

느낌이 상당히 달라졌습니다. 이것은 3D에서는 깊이감으로 인해 눈에 가까운 쪽이 크게 보이기 때문입니다.

비즈니스에서 반드시 3D를 이용해야 하는 상황은 거의 없습니다. 특별한 이유가 없다면 2D로 표현합니다. 실제 A와 B는 그 비율이 같습니다.

■ 3D 원그래프

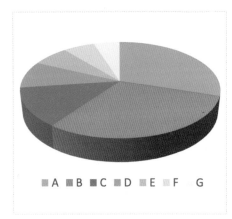

■ 2D로 바꿔 그린 원그래프

칼럼 나이팅게일 원그래프

나이팅게일(Nightingale)을 알고 있습니까? 나이팅게일이라는 말을 들으면 간호 교육에서 활약했던 유명한 간호사 나이팅게일을 떠올릴지도 모르겠습니다. 하지만 나이팅게일은 통계와도 깊은 연관이 있습니다.

■ 크림 전쟁(Crimean War)의 사인 분포를 표시한 그래프

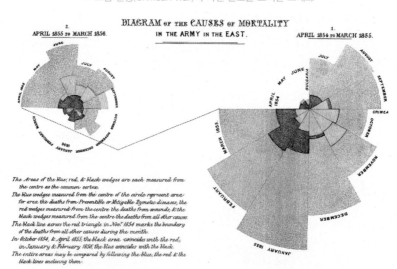

앞의 그림은 나이팅게일이 종군했던 크림 전쟁에서 전사자와 부상자에 관한 막대한 데이터를 분석한 뒤, 그들의 사인은 전쟁에서 얻은 상처가 아니라 병원 내의 충분하지 못한 위생 상태라는 것을 고발하기 위해 만든 것입니다.

이 그래프는 원그래프에서 파생된 것입니다. 오른쪽은 병원 안에서 위생 위원회가 생기기 전 월별 사인 현황, 왼쪽은 위원회가 생긴 이후 월별 사인 현황을 나타냅니다. 각 파이는 '월'을 의미하며 바깥쪽부터 사인을 '위생 불량', '기타', '전투 중 입은 부상'으로 분류했습니다.

사실 이것은 부상자 수를 넓이가 아닌 '반지름 길이'로 표시한 것입니다. 그러나 원그래프 형태를 이용함으로써 면의 넓이가 더 강조되어 착각하기 쉽다고 말할 수도 있습니다. 당시 나이팅게일이 이 점에 관해 알고 있었는지는 모르지만, 그 여부와는 관계없이 데이터 시각화를 손쉽게 하게 도와주는 도구가 없을뿐더러 데이터 시각화 방법도 알려지지 않았던 시대에 이런 형태의 표현을 하고, 사회를 움직인 나이팅게일의 노력에는 두 손을 들지 않을 수 없습니다.

도넛 차트

도넛 차트(donut chart)는 원그래프에서 파생된 유형의 차트입니다. 원그래프와 달리 가운데 부분에 공간이 있어서 이 공간에 정보를 포함시킬 수 있습니다. 오른쪽 그림과 같이 도달률을 텍스트로 넣을 때 편리합니다.

■ 도넛 차트 예시

웹 애널리틱스나 디지털 마케팅 등의 영역에서 많은 주요 지표를 일별, 월별로 추적하거나 예산 미달 혹은 도달률을 쉽게 알 수 있기 때문에 자주 활용됩니다.

트리맵

트리맵(treemap)은 다루는 데이터의 세그먼트 수가 너무 많을 때는 알기 어렵지만, 전체에 대한 세그먼트의 비율을 간단하게 표현할 수 있는 편리한 방법입니다.

다음 그림은 전 세계 인구를 트리맵으로 표시한 것입니다. 여러 나라의 인구 규모를 한눈에 알 수 있습니다. 또한 지역을 색으로 구분함으로써 지역 축을 기준으로 하는 인구에 대해서도 동시에 이해할 수 있습니다.

■ 트리맵 예시

'List of countries ordered by their population size'

URL https://www.populationpyramid.net/population-size-per-country/2017/

트리맵은 전체에 대한 비율을 표시하는 강력한 방법 중 하나입니다. 특히 계층 구조가 있는 데이터 표현에 적합합니다. 각 사각형 안에 중첩된 계층이 포함되는 이미지입니다.

트리맵을 사용하기 어려운 부분은 다음과 같습니다. 이 점에 주의하며 사용합니다.

- 음수 값을 표현하기 어렵다.

- 이웃하지 않은 사각형 사이의 비교는 어렵다.

- 대상의 배치는 도구가 제공하는 알고리즘과 관련되어 있으며 보통 제어할 수 없다.

와플 차트(그리드 플롯)

와플 차트(waffle chart)는 이름 그대로 와플처럼 보이는 차트입니다. 앞 절에서 설명했던 도트 매트릭스 차트와 형태가 비슷하나, 도트 매트릭스 차트가 기준에 해당하는 값을 점으로 표현했던 것과 달리, 와플 차트는 100%에 해당하는 점이 모두 표시된 상태에서 해당하는 비율 수만큼 색을 칠합니다. 여러 대상의 비율을 전체적으로 비교할 때 이용하기에 적합합니다.

다음 그림은 몇몇 일본 기업의 여성 관리직 비율을 와플 차트로 표시한 것입니다. 여성의 픽토그램을 100개 사용하고 해당하는 비율만큼 색을 칠해서 표현했습니다. 이 작품에서는 픽토그램을 사용했지만, 점으로 표현할 수도 있습니다. 전하고자 하는 메시지에 적합한 형태를 잘 선택하는 것이 중요합니다.

■ 와플 차트 예시

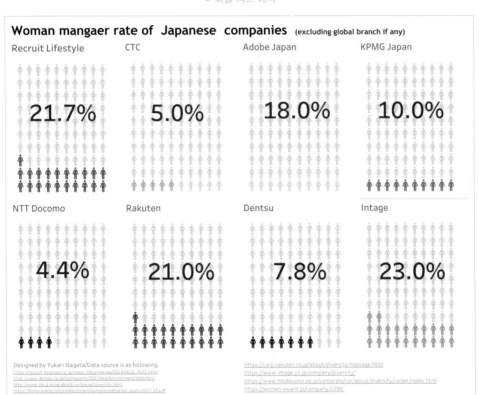

'Women Manager rate of Japanese companies' / 필자 작

URL https://public.tableau.com/profile/yukari.nagata0623#!/vizhome/WomenmanagerratioofJapanesecompanies/Womenmanagerratedashboard

와플 차트는 전체적인 경향을 파악하기에는 적합하지만, 상세한 비교를 하기는 어려운 유형이기도 합니다. 그러므로 텍스트를 추가해서 이해를 보완하는 것이 좋습니다.

워터폴 차트

워터폴 차트(waterfall chart)는 가장 첫 금액(값)을 기점으로 이후 단계에 따라 금액의 증가/감소 경향을 한눈에 알 수 있게 표시합니다. 예를 들어 첫 번째 합계 숫자부터 1년에 걸쳐 월별로 어떻게 변화했는지 등을 신속하게 보고 이해할 수 있는 유형의 차트입니다.

시작점인 왼쪽부터 끝점인 오른쪽을 향해 '어느 지점에서 어떻게 변하는가?'를 쉽고 명확하게 알 수 있어, 여러 비즈니스 문서나 파워포인트와 같은 프레젠테이션에서도 본 경험이 있을 것입니다.

다음 그림과 같이 매출을 다루는 합계 혹은 정량적인 분석을 수행할 때 매우 적합합니다. 다음 그림은 최종 이익에 기여하는 세그먼트와 그 기여의 정도를 표현하고 있습니다.

■ 워터폴 차트 예시

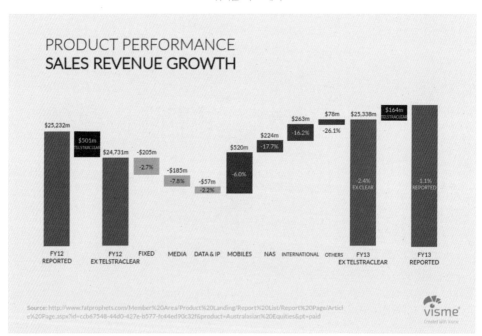

'Product Performance Sales Revenue Growth'

URL https://visme.co/blog/types-of-graphs/#wpcf7-f2792-o1

3-4 흐름 표시하기

자금과 비용, 원재료 등의 흐름(공정 사이의 흐름 양), 사이트 이동 등 여러 대상의 흐름을 표현할 때 다음 차트를 이용할 수 있습니다.

산키 다이어그램

산키 다이어그램(sankey diagram)은 공정 사이의 흐름 양을 표현합니다. 왼쪽이 가장 첫 입력이며, 오른쪽으로 이동하면서 입력이 분배되어 최종 공정에 도착하는 모습을 한눈에 알 수 있습니다.

다음 그림은 이 차트가 가진 굴곡의 아름다움과 재미를 효과적으로 사용했음은 물론, 전달하고자 하는 메시지를 적합하게 표현한 멋진 작품입니다.

■ 산키 다이어그램 예시

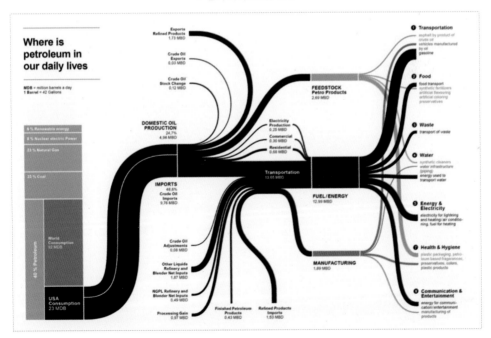

'Where is petroleum in our daily lives'

URL https://www.ipoint-systems.com/blog/from-data-to-knowledge-the-power-of-elegant-sankey-
diagrams/

워터폴 차트

워터폴 차트(waterfall chart)는 비율을 표시할 때 이용할 수 있지만, '흐름을 표시'할 때도 사
용할 수 있습니다.

3-5 시간 추이 표시하기

추이나 경향을 강조할 때는 그에 맞는 유형의 차트를 선택합니다. 일간, 주간, 월간, 연간, 그리고 극단적으로 말하면 세기(世紀)간까지 다양한 '시간 축(timespan)'이 존재합니다. 시사점을 높이기 위해서는 전달할 메시지나 컨텍스트에 맞는 적절한 시간 축에서 선택해야 합니다.

선 그래프

선 그래프는 추이를 표시할 때 이용하는 일반적인 방법입니다.

선 그래프는 막대그래프와 마찬가지로, 데이터 시각화에서 매우 잘 사용되는 유형의 차트입니다. 하지만 추이를 다룰 때는 가로축 사용에 주의할 점이 있습니다.

다음 그림을 확인해 봅니다. 이런 그래프를 본 적이 있습니까? 이 가로축에서는 가운데 표시된 선 그래프가 어떤 것인지 비교할 수 없습니다. 가로축 간격이 자의적으로 왜곡되어 있기 때문입니다.

■ 가로축 간격이 일정하지 않은 예시

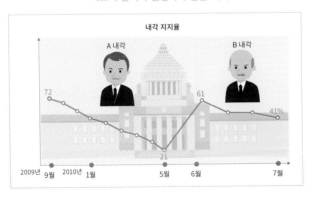

구체적으로는 4개월(1~5월)과 1개월(6~7월)의 가로축 길이가 비슷합니다.

추이를 표시하는 선 그래프는 선의 '방향'(각도)을 이용해 상대적으로 비교하는 그래프입니다. 그렇기 때문에 축이 왜곡되면 사실을 나타내지 못해 무용지물입니다.

데이터 시각화에서 엑셀을 필두로 하는 BI 도구를 사용할 때는 축이 왜곡되는 일은 없을 것이 므로 독자 여러분은 이런 결과물을 만들지 않겠지만, 주변의 누군가가 이런 결과물을 만들고 있다면 꼭 주의해서 보기 바랍니다.

또한 선 그래프에서도 앞에서 설명한 막대그래프와 마찬가지로, 세로축도 왜곡해서는 안 됩니 다. 오른쪽 그림을 확인해 봅시다.

그림에서는 같은 '천만 원'이라는 단위임에도 불구하고, 각 눈금의 폭이 달라 추이나 경향을 오 인하게 됩니다.

■ 세로축 단위를 왜곡한 예시

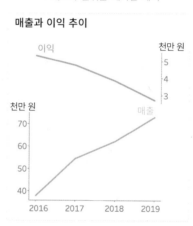

그러나 추이를 표시하는 데 선 그래프가 아무리 좋다고 해도 종류나 분류가 너무 많을 때는 주 의해야 합니다. 혹시 다음 그림과 같은 차트를 만든 적이 있습니까?

■ 스파게티 차트 예시

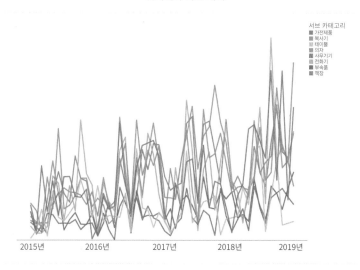

서브 카테고리
■ 가전제품
■ 복사기
■ 테이블
■ 의자
■ 사무기기
■ 전화기
■ 부속품
■ 책장

2015년　　2016년　　2017년　　2018년　　2019년

매우 많은 선이 엉켜 있는 이러한 유형의 차트를 스파게티 차트(spaghetti chart)라고 부르기도 합니다. 차트가 마치 스파게티 면처럼 얽혀 있기 때문에 그렇게 불립니다.

이렇게 되는 원인은 분류가 많기도 하거니와 '색'을 이용해 그 분류를 표현하려고 하기 때문입니다. 이런 상황을 피할 수 있는 구체적인 해결책을 소개합니다.

자신이 주목하는 부분만 강조

자주 이용하는 방법으로, 주목하고 싶은 부분만 선의 색이나 굵기를 바꾸는 방법이 있습니다.

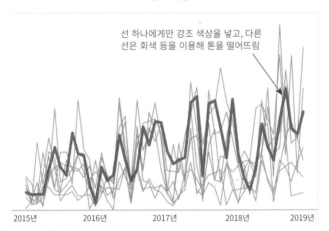

■ 강조 사용

선 하나에게만 강조 색상을 넣고, 다른
선은 회색 등을 이용해 톤을 떨어뜨림

2015년   2016년   2017년   2018년   2019년

같은 계열 색의 진하기를 활용해 영역 차트로 표현

영역 차트(area chart)를 사용할 때는 영역과 영역 사이 테두리의 진하기 정도가 느낌을 결정합니다. 산만하지 않은 진하기와 두께로 조정합니다.

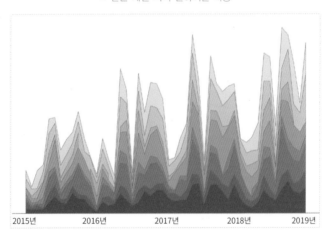

■ 같은 계열 색의 진하기를 이용

2015년   2016년   2017년   2018년   2019년

스파이크 라인으로 표현

여러 상품 모두의 경향을 한 번에 표시할 때는 스파이크 라인(spike line)도 효과적입니다.

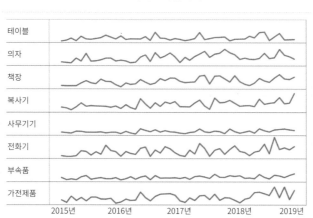

■ 스파이크 라인 예시

(세로) 막대그래프

(세로) 막대그래프는 왼쪽에서 오른쪽으로 공간을 이용할 수 있기 때문에 추이를 표현할 수 있습니다. 그러나 2개 이상의 막대그래프가 포함되면 비교가 어려워지므로 1개만 사용하는 것이 최선일 때가 많습니다. 예를 들어 다음 그림과 같은 막대그래프는 선 그래프로 표현하는 것이 훨씬 깔끔합니다.

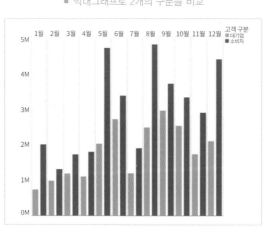

■ 막대그래프로 2개의 구분을 비교

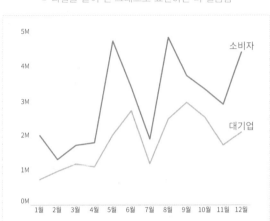

■ 라벨을 붙여 선 그래프로 표현하면 더 깔끔함

막대그래프와 선 그래프의 조합

2개 이상 숫자의 관계성을 시간에 따라 표현할 때 유용한 방법입니다. 그러나 축 사용 시 충분한 주의가 필요하므로 설명합니다.

웹 마케팅이나 디지털 마케팅과 같은 분야에서는 2개 이상의 관련된 숫자들을 동시에 보기 위해 서로 다른 세로축을 좌우 양쪽으로 사용하는 차트를 자주 이용합니다(다음 그림 참조). 추이 중에서 동시에 모니터링해야 하는 지표가 2개 이상인 이유가 대부분입니다.

이런 표현을 피하는 것이 좋은 이유는 간단히 말하자면 이러한 형태는 인지 부하가 높고 이해하는 데 시간이 소요되는 경우가 많기 때문입니다. 어느 차트가 어떤 것을 의미하는지 이해하기 위해 범례와 축 스케일을 확인하는 동시에 추이도 확인하기 위해서는 상당한 시간이 소요됩니다.

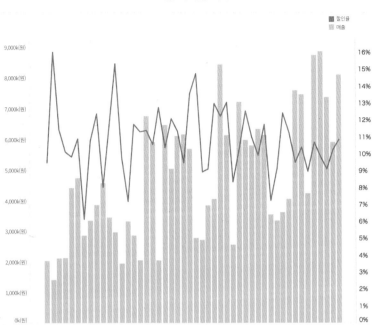

이중 축을 사용한 차트는 어느 쪽이 무엇을 의미하는지 확인해야 하므로 어떤 경우라도 인지 부하가 발생할 수밖에 없습니다.

이런 때는 다음 그림과 같이 간단하게 위아래로 나누면 오디언스가 범례 혹은 축의 스케일을 여러 차례 확인하지 않게 할 수 있고 이해하기도 편합니다. 어떤 숫자가 어떤 축을 사용하는지 도 명확합니다. 그래프를 위아래로 나누어도 추이를 확인할 수 있으므로 굳이 축을 겹칠 필요 가 없습니다.

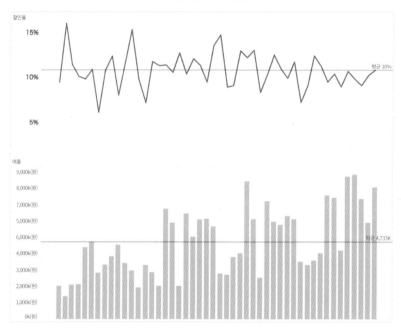

이런 설계를 '너무 세세하다'고 생각하는 사람도 있을 것입니다. 하지만 사용성에 관한 고려는 매우 중요합니다. 많은 오디언스가 이런 세세한 부분의 처리 때문에 발생하는 스트레스로 인해 이탈하거나 편리하게 사용하지 못하기 때문입니다.

주의할 점은 오디언스가 구체적으로 '이런 이유로 인지 부하를 느낀다'라고 느끼는 것이 아니라 '아무튼 사용하기 어렵다'라고 느낀다는 것입니다. 오디언스는 자신이 불편함을 느끼는 원인을 구체적으로 설명해주지 않습니다.

기울기 차트

기울기 차트(slope chart)는 시간 추이 중에서도 특별히 '두 점 사이'의 추이를 비교할 때 그 변화를 직접 표현해줍니다. 일반적으로 과거와 현재 사이에 얼마만큼의 증가/감소가 있었는지 등을 표현하기 위해 사용하지만, 비교 대상은 시간 축 상의 두 점이 아니어도 관계없습니다.

기울기 차트는 선 그래프에서 파생된 유형입니다. 두 점 사이의 날짜(에 해당하는 데이터)는 무시되며 두 점을 직선으로 표시합니다. 그렇기 때문에 기울기 차트는 오디언스가 관심을 가지는 시간 축에서의 최초와 최후(시작점과 끝점) 시점에 있는 대상에 적용하기에 적합합니다.

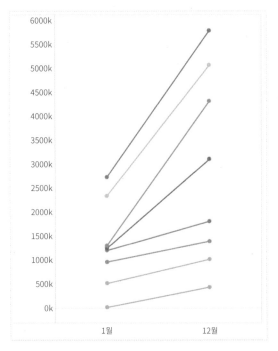

다음 그림은 일본인의 사망 원인이 지난 20년간 어떻게 변했는지 조사한 데이터를 분석해 기울기 차트를 이용해 만든 것입니다.

■ 일본인 사망 원인 분석

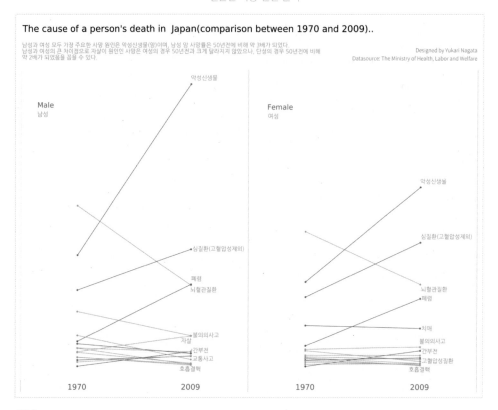

The cause of a person's death in Japan(comparison between 1970 and 2009)..

남성과 여성 모두 가장 주요한 사망 원인은 악성신생물(암)이며, 남성 암 사망률은 50년전에 비해 약 3배가 되었다.
남성과 여성의 큰 차이점으로 자살이 원인인 사망은 여성의 경우 50년전과 크게 달라지지 않았으나, 남성의 경우 50년전에 비해
약 2배가 되었음을 꼽을 수 있다.

Designed by Yukari Nagata
Datasource: The Ministry of Health, Labor and Welfare

Male
남성

Female
여성

악성신생물

악성신생물

심질환(고혈압성제외)

심질환(고혈압성제외)

폐렴
뇌혈관질환

뇌혈관질환
폐렴

치매

불의의사고
자살

불의의사고

간부전
교통사고
호흡결핵

간부전
고혈압성질환
호흡결핵

1970   2009

1970   2009

URL https://public.tableau.com/profile/yukari.nagata0623#!/vizhome/ThecauseofapersonsdeathinJapan/
Dashboard

빨간색 선은 1970년보다 사망 원인률이 상승한 것, 회색 선은 하락한 것을 의미합니다. 아랫부분의 문자와 선이 다소 혼란스럽게 배치되어 마음에 들지 않을 수도 있으나, 마우스 커서를 올리면 자세한 내용이 아래에 표시되게 해서 정보를 읽기 어려운 문제도 해결하고 있습니다.

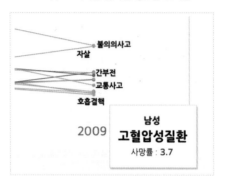

■ 마우스 커서를 올리면 정보를 표시함

아랫부분의 문자와 선이 작아 이해하기 어려운 점이 신경 쓰인다면 그 회피책으로 다음 그림과 같이 배치할 수도 있습니다. 또한 이만큼의 요소에서는 각 포인트에 라벨을 붙여도 크게 복잡하지 않습니다.

■ 사망 원인 분류

영역 차트(면 그래프)

영역 차트(area chart)는 시간이 지남에 따라 누적된 변화를 나타낼 때 적합합니다. 세그먼트별 비교나 세세한 차이를 이해하기는 어렵지만, 다음과 같은 사항을 이해할 때 유용합니다.

- 전체 대비 양
- 금액 혹은 양이 적은 세그먼트의 경향
- 전체적인 경향

다음 그림은 이 영역 차트의 특성을 효과적으로 활용한 작품입니다. '비틀즈의 앨범별로 곡을 많이 쓴 사람'에 대해 작곡가별 추이를 나타냈습니다.

■ 영역 차트 예시

'The Beatles Song Writers per Album' / Nir Smilga 작

URL https://public.tableau.com/en-us/gallery/who-wrote-beatles-top-hits?tab=viz-of-the-day&type=viz-of-the-day

영역 차트는 영역의 '폭'(층의 두께)을 이용해 전체에서 차지하는 비율(여기에서는 앨범별 작곡수)을 나타내며 동시에 그 추이도 이해할 수 있습니다. 이 작품에서는 각 작곡가의 앨범별 곡수의 증가/감소 여부를 한눈에 알 수 있습니다.

히트맵

히트맵(heatmap)은 병렬적으로 나열한 데이터 값을 색이나 진하기로 표현한 차트입니다. 일간, 주간, 월간 등 시간 경과에 따른 '패턴의 특징'을 볼 때 유용합니다. 정밀한 양을 표현하기는 어렵지만, 전체적인 패턴을 이해할 때는 편리합니다.

다음 그림은 미국과 일본의 '날짜별 생일자 수'를 비교한 것으로, 생일 대시보드라고 할 수도 있습니다.

■ 히트맵 예시 1

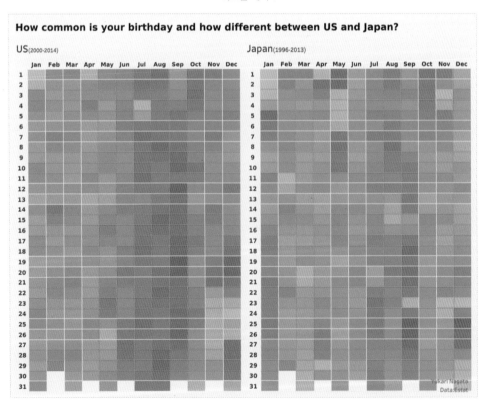

'How common is your birthday and how different between US and Japan?' / 필자 작

URL https://public.tableau.com/profile/yukari.nagata0623#!/vizhome/HowcommonisyourbirthdayandhowdifferentbetweenUSandJapan/Dashboard

소리 분석 등에서도 히트맵을 활용할 수 있습니다. 다음 그림은 히트맵을 이용해 사운드 스펙트럼(sound spectrum)을 표시한 것입니다. 사운드 스펙트럼이란 음성 분석 소프트웨어로 음성을 녹음해 이를 그림으로 표현한 것을 의미합니다.

리스트(Liszt)의 곡 '사랑의 꿈(Liebestraum)'을 3명의 피아니스트가 연주한 것을 비교해 세로로 길게 표시했습니다. 같은 곡이라도 피아니스트에 따라 그 세기나 높낮이가 다름을 알 수 있습니다.

■ 히트맵 예시 2

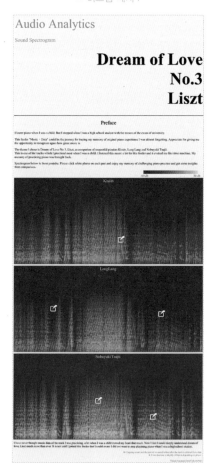

'Sound spectrogram: Dream of Love, Liszt' / 필자 작

URL https://public.tableau.com/profile/yukari.nagata0623#!/vizhome/SoundspectrogramDreamofLoveLiszt/
Summary

3-6 분포 표시하기

데이터셋 안의 값을 표시하면서 그 값이 얼마나 빈번하게 나타나는지 표시합니다. 분포 형태를 통해 '어떤 부분이 줄어들었는가?', '어떤 부분이 높아졌는가?' 등을 한눈에 알 수 있으며, 그 형태가 기억에 쉽게 남습니다.

구체적인 예시로 소득 분포나 나이, 성별 분포, 무언가의 균등 및 불균등 등을 표시할 때 이용합니다.

히스토그램

히스토그램(histogram)이란 세로축에 정도, 가로축에 구간을 이용한 그래프의 일종으로, 통계적 분포를 표시하는 일반적인 방법입니다. 차이가 어디에 존재하는지를 돋보이게 하기 위해 가로축 막대 사이의 간격을 줄여 깔끔하게 만들 수 있습니다.

다음 그림은 2018년 임금근로일자리 소득(보수) 결과를 히스토그램으로 표현한 것입니다. 이를 통해 많은 세대가 소득 ~350만 원 계층에 모여 있음을 한눈에 알 수 있습니다.

■ 히스토그램 예시(2018년 임금근로일자리 소득(보수) 결과 보고서통계청)

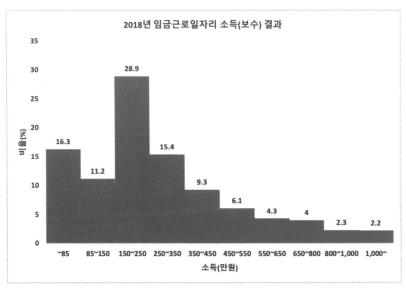

히스토그램의 각 막대를 '핀(pin)'이라고 부르기도 하며 히스토그램 분석에서는 이 핀의 폭이 어느 정도가 적당한지 검증해야 합니다. 히스토그램은 데이터를 피닝(pinning)(어떤 단위로 한 덩어리로 할 것인지)해서 만들어지며, 히스토그램 외형은 핀의 폭과 곧바로 연결되기 때문입니다. 다음 그림에 핀의 폭이 다른 예시를 표시했습니다.

핀의 폭이 너무 좁으면 시각적으로 산만해짐과 동시에 대략적인 경향을 보기 어려워집니다. 그러나 반대로 핀의 폭이 너무 넓어도 세세한 경향을 볼 수 없습니다.

■ 히스토그램은 핀 폭에 따라 읽는 방법이 달라짐

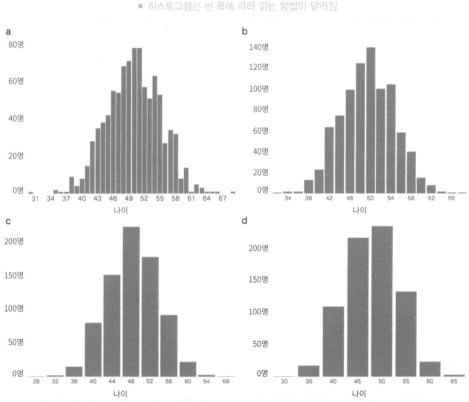

여러 소프트웨어에서 폭에 대한 기본 설정값을 제공하지만, 여러분은 분석, 수행하고자 하는 대상에 맞춰 커스터마이즈함은 물론, 다루는 데이터가 올바르게 표현되었는지, 전달하고자 하는 바에 적합한지 의식하면서 다양하게 핀 폭을 검증해 보기 바랍니다.

도트 플롯

도트 플롯(dot plot)은 분포 차이를 함께 표시할 때 적합한 방법입니다. 여러 카테고리 사이의 두 가지 요소, 예를 들어 최댓값과 최솟값 등을 효과적으로 비교할 수 있습니다. 차트 형태가 트레이닝에서 자주 사용되는 '덤벨(dumbbell)'과 닮아 덤벨 차트(dumbbell chart)라고 불리기도 합니다. 일반적으로 막대 좌우에 둥근 형태가 붙어 있습니다.

다음 그림은 남녀 평균 격차로, 연령별로 남녀 평균 연간 수입을 덤벨 차트로 표현한 것입니다. 분홍색 점이 여성, 파란색 점이 남성이며 모든 연령에 대해 덤벨을 표시해서 특히 격차가 커지는 연령이 어디인지 한눈에 이해할 수 있습니다.

■ 평균 연간 수입을 덤벨 차트로 표현(후생 노동성, 2017년 임금 구조 기본 통계 조사 통계표 데이터를 사용해 필자가 직성)

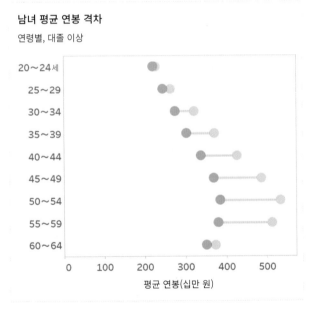

박스 플롯

박스 플롯(box plot)은 여러 카테고리 사이의 범위나 분포를 간단하게 표시하는 방법입니다. 박스 플롯은 데이터를 사분위로 각각 동일한 형태로 표시합니다. 다음은 박스 플롯의 구조입니다.

■ 박스 플롯의 구조

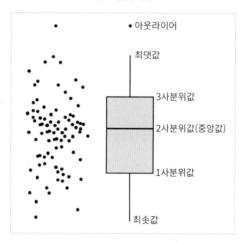

이렇게 나누면 박스 플롯은 y축 값만 시각화하는 유형의 차트임을 알 수 있습니다. 박스 가운데 선은 중앙값을 표시하며, 수직 방향으로 나온 선은 각각 최솟값 및 최댓값 포인트를 표시합니다. 또한 박스 플롯 안에는 최솟값, 최댓값을 포함해 사분위 수의 정보가 포함됩니다. 사분위 수는 데이터를 작은 순서대로 나열해 작은 것부터 순위를 매겼을 때,

- 25% (제1사분위 수)

- 50% (제2사분위 수)

- 75% (제3사분위 수)

에 해당하는 값을 의미합니다.

아웃라이어(outlier)란 데이터 분포 중 다른 측정값에서 크게 벗어난 값을 의미합니다. 측정 과정에서의 실수나 이상이 발생하는 원인은 다양하므로 아웃라이어는 주의해서 다루어야 합니다. 이용하는 데이터 시각화 도구에 따라 아웃라이어 여부를 검출하기도 합니다.

박스 플롯은 매우 단순하지만, 많은 정보가 집적되어 있기 때문에 이들을 가로로 늘어놓음으로써 그 분포를 한눈에 이해할 수 있습니다.

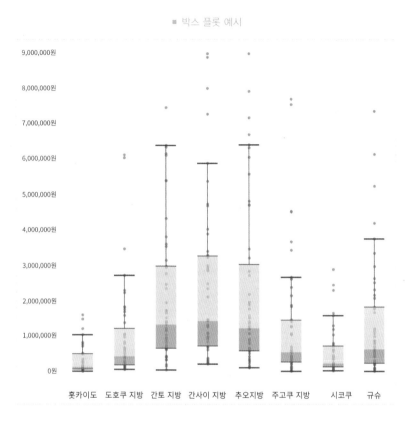

■ 박스 플롯 예시

버터플라이 차트

버터플라이 차트(butterfly chart)는 소위 '인구 피라미드'라고 불리는 유형의 차트를 떠올리면 이해하기 쉽습니다. 히스토그램에서 파생된 유형이라고 할 수도 있습니다. 나비의 날개와 같이 좌우로 펼쳐진 형태를 하고 있기 때문에 버터플라이 차트라고 합니다.

다음 그림과 같은 일반적인 인구 피라미드를 본 적이 있을 것입니다. 버터플라이 차트는 남녀를 좌우로 나눠 인구 분포를 효과적으로 표현하는 일반적인 방법입니다.

■ 버터플라이 차트 예시

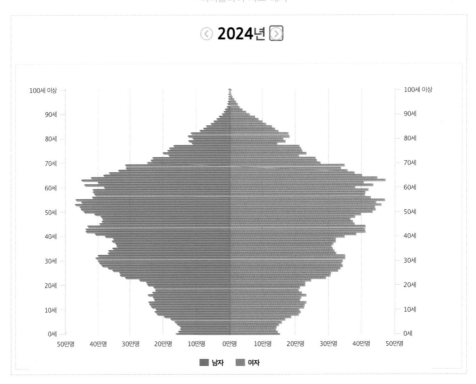

URL: https://sgis.kostat.go.kr/jsp/pyramid/pyramid1.jsp

3-7 순위 표시하기

값 그 자체나 상대적인 비교보다 전체에서의 순위 혹은 순서가 부여된 리스트에서 아이템의 위치가 더 중요할 때는 순위를 이용합니다.

순서대로 배치한 막대그래프

막대그래프를 정렬하면 손쉽게 순위를 이해할 수 있습니다.

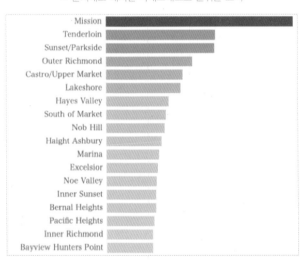

■ 순서대로 배치한 막대그래프로 순위를 표시

물론, 세로로 나열할 수 있는 막대그래프에서도 랭킹을 확인할 수 있습니다.

기울기 차트

추이를 파악하는 데 사용할 수도 있지만, 어떻게 순위가 변하는지 이해하는 데 도움을 얻을 수 있는 유형의 차트입니다.

범프 차트

범프 차트(bump chart, 혹은 순위 차트)는 순위가 어떻게 변하는지 명확하게 이해할 수 있는 유형의 차트입니다. 그룹별로 색을 구분하면 효과적입니다.

다음 그림은 어떤 색의 차가 잘 판매됐는지의 메시지를 주축으로 하는 색을 그대로 사용해 효과적으로 표현하면서 그 랭킹 추이도 표시하고 있습니다.

■ 범프 차트 예시

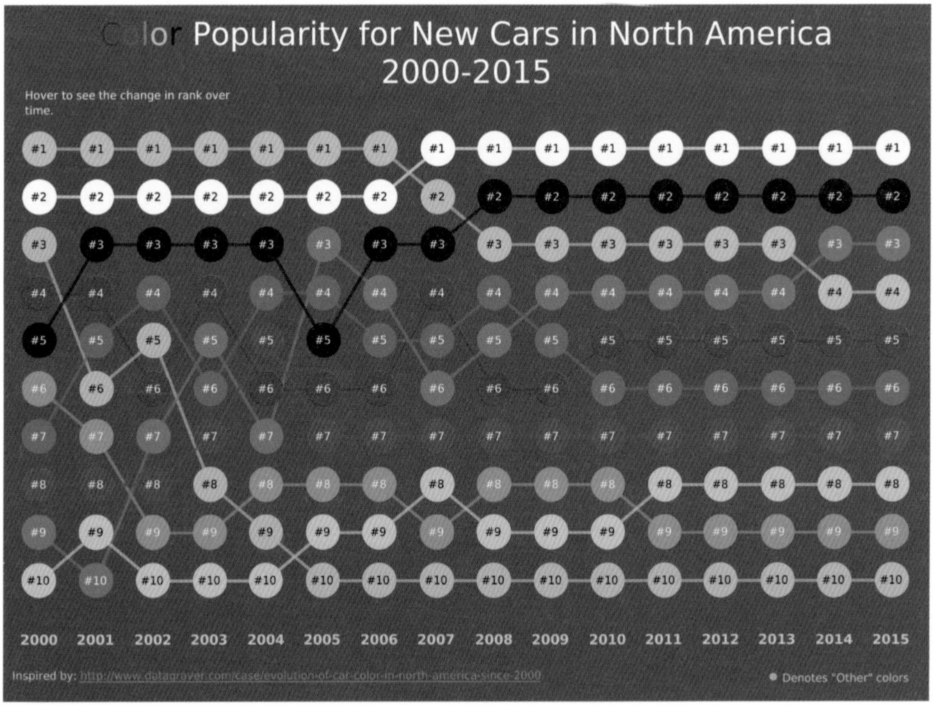

'Color Popularity for New Cars in North America' / Matt Chambers 작

URL https://public.tableau.com/profile/matt.chambers#!/vizhome/CarColorEvolutionNorthAmerica/
ColorRankOverTime

3-8 관계성 표시하기

2가지 이상의 대상 사이의 상관관계 등을 표시할 때 사용하는 유형의 차트입니다.

산포도

산포도(scatter plot)는 변수 2개의 관계성을 표시할 때 적합합니다. 관계성을 보기 위한 일반적인 유형의 차트가 있으며 세로축, 가로축에 2개 항목의 양이나 크기를 대응시키고, 데이터를 점으로 플롯합니다. 전체 중에서 어떤 포인트에 밀집되어 있는지, 크게 벗어난 데이터는 무엇인지 등을 알아볼 수 있는 유형이기도 합니다.

산포도에서는 데이터군이 오른쪽 위로 분포할수록 양의 상관관계가 있다고 말하며, 왼쪽 아래로 분포할수록 음의 상관관계가 있다고 말합니다.

■ 산포도 예시

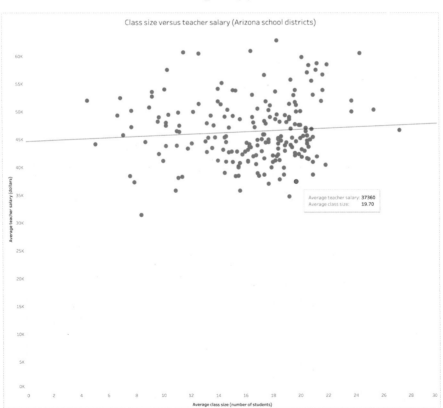

'Class size versus teacher salary (Arizona school districts)' / Miguel 작

URL https://public.tableau.com/profile/miguel5647#!/vizhome/ClasssizeversusteachersalaryArizonaschooldist
ricts/Sheet1

막대그래프와 선 그래프의 조합

막대그래프와 선 그래프를 조합하면 편리하게 관계성을 확인할 수 있습니다. 이렇게 이중 축을
사용함에 따라 인지 부하가 높아지는 점에는 주의하기 바랍니다.

■ 막대그래프와 선 그래프의 조합 예시

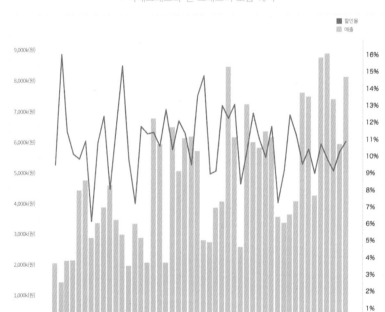

버블 차트

버블 차트(bubble chart)는 산포도에서 파생한 유형입니다. 산포도는 2개의 변수를 사용하지
만, 버블 차트는 3개의 변수를 다루며 3개 변수 중 1개 변수를 원의 크기로 표시합니다. 3개 요
소를 한눈에 파악할 수 있어 편리하나, 데이터 포인트가 너무 많이 겹쳐 있으면 이해하기 어려
워지는 점에 주의합니다.

다음 그림은 가로축에 소득, 세로축에 평균 수명, 그리고 버블 크기로 인구 규모를 표시한 것입니다. 어떤 나라가 상대적으로 어느 위치에 있는지, 인구 규모가 얼마나 되는지 한눈에 파악할 수 있습니다.

■ 버블 차트 예시

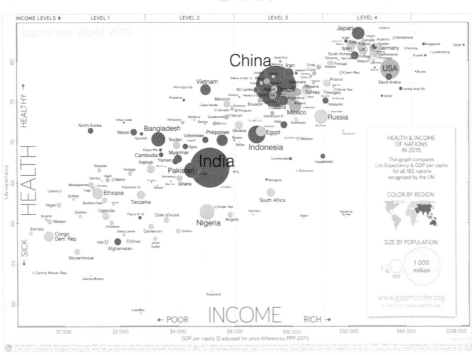

'Gapminder world 2015'

URL https://www.gapminder.org/news/gapminder-world-poster-2015/

3-9 │ 차이 표시하기

임의의 시점에서 차이나 변화량을 명시적으로 표시하는 유형의 차트입니다.

분기한 막대그래프

특정 시점에서의 변화량(+/− 등)을 강조합니다. 일반적으로는 0을 기준점으로 설정하는 경우가 많지만, 평균을 사용하는 것도 좋습니다.

■ 제품별 예산 대비(필자 작)

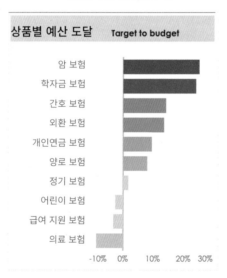

분기한 색상선 그래프

이익이나 할인율과 같이 특정한 기준점으로부터 +/−를 표현할 때 적합합니다. 다음 그림은 이익 금액의 +/−를 나누어 색으로 칠한 선 그래프를 사용한 예시입니다.

■ +/-로 분기한 색상선 그래프 예시

이익

1,000,000원	
900,000원	
800,000원	
700,000원	
600,000원	
500,000원	
400,000원	
300,000원	
200,000원	
100,000원	
0원	
-100,000원	
-200,000원	
-300,000원	

2015년 4월 2015년 9월 2016년 2월 2016년 7월 2016년 12월 2017년 5월 2017년 10월 2018년 3월 2018년 8월

분기 누적 막대그래프

분기 누적 막대그래프는 누적 막대그래프에서 파생된 유형입니다. 기준점을 정한 분기 누적 막대그래프를 이용하면 여러 요소의 비율을 동시에 볼 수 있습니다. 응답의 종류가 있는 앙케트나 설문 결과를 표시하는 데 아주 적합합니다. 일반적으로 수평선 방향 오른쪽에 긍정적인 대답, 왼쪽에 부정적인 응답을 표시합니다.

■ 분기 누적 막대그래프 예시

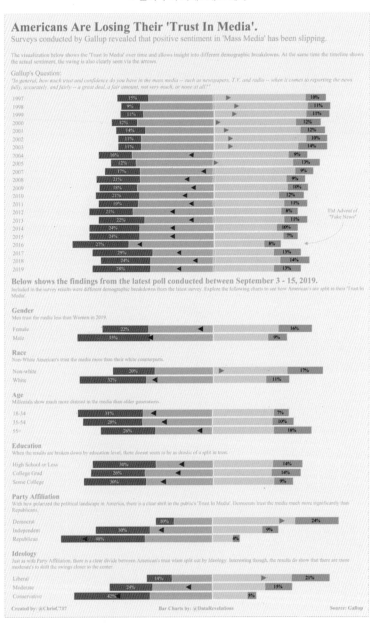

Americans' Trust in the Media, Christopher Conn 작

URL https://public.tableau.com/en-us/gallery/americans-trust-media?tab=viz-of-the-day

3-10 지리 공간 표시하기

등치맵

등치맵(choropleth, 색을 칠한 지도)은 지도를 이용해 데이터를 표시하는 표준 방법입니다. 영역별로 색의 진하기를 이용해 구분해서 칠합니다. 다음 그림은 데이터를 이용해 미국 옥수수 벨트를 표현한 것입니다. 지도 위에 표현함으로써 직관적으로 원하는 메시지를 전달할 수 있음은 물론, 위치 관계도 한눈에 파악할 수 있습니다.

■ 등치맵 예시

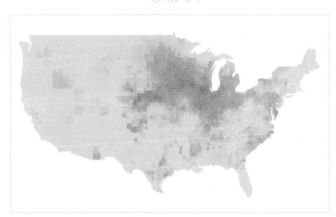

'Sustainable Agriculture' / 필자 작

URL https://public.tableau.com/profile/yukari.nagata0623#!/vizhome/TowardsSustainableAgricultureIronViz/
Dashboard

등치맵은 가로축 방향으로 여러 개 늘어놓으면 그 느낌이 크게 달라집니다. 예를 들어 위 그림은 옥수수 벨트에 관한 것이지만 이를 보리, 면화 등 농작물별로 구분해서 나열할 수 있습니다. 그러면 농작물별로 비교하기가 쉬워집니다.

■ 옥수수, 보리, 면화 작물 재배 현황을 나열

■ 등치맵 예시 2

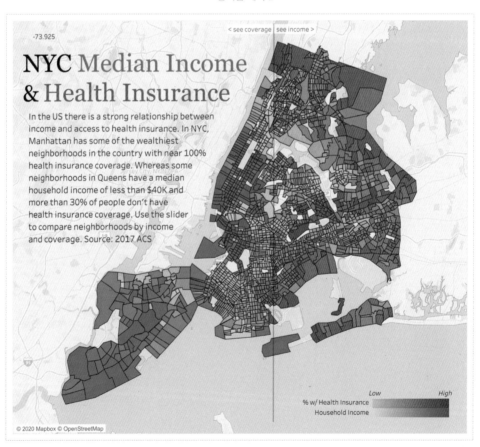

'Comparing income and insurance coverage in NYC' / Adam E McCann 작

URL https://public.tableau.com/profile/chandra.medarametla#!/vizhome/NYCIncomeInsurance/
NYCIncomeandinsurance

심벌 크기

심벌의 크기를 활용해 데이터를 표현하는 방법입니다. 세세한 차이를 이해하는 것보다 전체적인 상태를 이해하고자 할 때 적합합니다.

다음 그림은 유럽의 에너지 소모량을 표현한 것입니다. 크기로 소비량을 직접 표시하고 있어, 어느 나라에서 얼마나 소비되는지 한눈에 알 수 있습니다.

■ 심벌 크기 예시

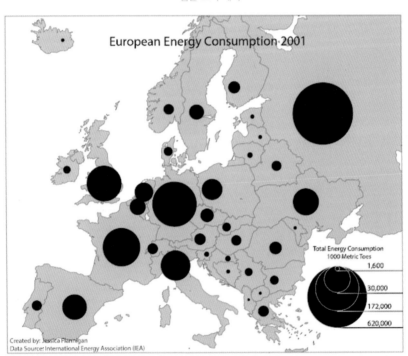

'European Energy Consumption' / Jessica Flannigan 작

URL http://jessicaflannigan.blogspot.com/p/european-energy-consumption-2001.html

지도 위에 점으로 표시

점의 위치로 특정한 이벤트가 발생한 장소를 표시합니다. 지도 위의 점은 해당 위치를 의미하며, 장소와의 관련성도 함께 전달할 수 있습니다.

■ 지도 위에 점으로 표시한 차트 예시

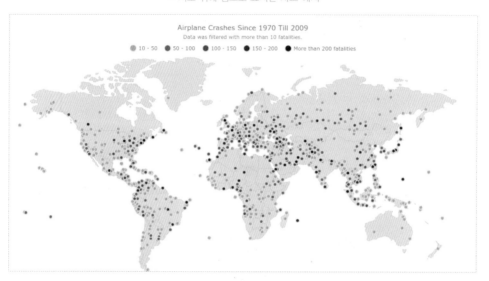

'Airplane Crashes Since 1980 Till 2009'

URL https://www.anychart.com/ja/products/anymap/gallery/Maps_Point_Maps_(Dot_Maps)/Airplane_
Crashes_since_1970_till_2009.php

히트맵

지도 위에 색(채도 등) 스케일을 이용해 데이터값을 표시합니다.

다음 그림은 육각형의 헥사맵(hexamap)을 이용해 히트맵을 표현한 것입니다. 임의의 위/경도에 육각형을 놓고 순차적인 색상으로 표현했습니다.

보다시피 영국의 부동산 판매 가격과 위치를 함께 확인할 수 있습니다. 이처럼 부동산 영역과 같이 구체적인 '위치'를 함께 파악해야 할 때 사용하기 적절합니다.

■ 히트맵 예시

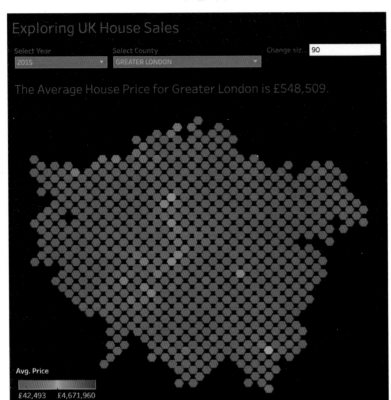

'Exploring UK House Sales' / Andy Kriebel 작

URL https://public.tableau.com/profile/andy.kriebel/#!/vizhome/UKHousingHexMaps/WW

지도 위에 흐름 표시

한 지점에서 다른 지점으로의 이동 혹은 흐름을 표시합니다. 다음 그림은 임의의 공항에서 캠프장까지의 직항편을 표시한 예시입니다. 이처럼 한 지점에서 다른 지점으로 확산되는 상황을 이해하고자 할 때, 또는 시작점에서 끝점까지의 흐름을 지도 정보와 함께 이해하고자 할 때 매우 적합합니다.

■ 지도 위에 흐름을 표시한 차트 1

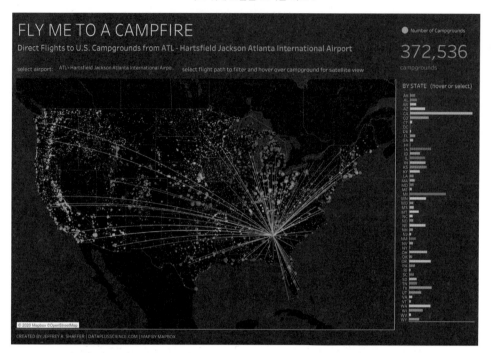

'Fly Me To A Campfire' / Jeffery Shaffer 작

URL https://public.tableau.com/views/FlyMeToACampfire/USCampgrounds?:showVizHome=no#2

다음 그림은 이민 국가로의 흐름을 표시한 것으로, 텍스트(문자)를 사용해 사실을 전달하면서
아이들이 출생지에서 어느 나라로 이동했는지 표현한 데이터 시각화 예시입니다.

■ 지도 위에 흐름을 표시한 차트 2

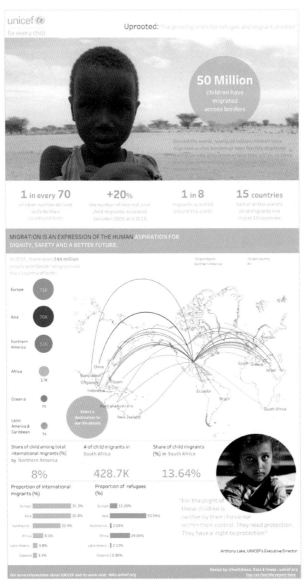

'Unicef-Uprooted'

URL https://public.tableau.com/profile/yvette#!/vizhome/Unicef-Uprooted/Uprooted

데이터를 표현하는 차트 유형의 종류는 매우 다양합니다. 이번 장에서 설명한 것 외에도 많은 유형의 차트가 있습니다.

하지만 이번 장의 내용을 읽고 나면 어떤 유형의 차트가 있는지 알고, 상황에 따라 적절한 유형의 차트가 무엇인지에 대한 지침을 세울 수 있을 것입니다. 이번 장에서 모든 유형의 차트를 다루지는 않았지만, 평소 자주 접할 수 있는 유형의 차트에 관해 상세히 설명했으므로 목적에 맞게 취사선택할 수 있을 것입니다. 차트 유형에 따라 아직 익숙하지 않거나 논의할 여지가 남아 있기도 하겠지만, 실습 예제를 보면서 어떤 기능을 하는지 파악했을 것입니다.

새로운 유형의 차트를 사용해 보면서 새로운 레벨이나 스킬을 몸에 익힐 수 있습니다. 지속적으로 학습한다는 의식과 프로세스야말로 데이터를 잘 활용해 시각화 스킬을 향상하는 기초가 됩니다.

4 장

사례로 배우는 대시보드 만들기

이번 장은 데이터 시각화를 수행할 때, 혹은 일반적으로 데이터 시각화의 최종 결과물로 생각되는 대시보드를 만들 때 강력한 지원군 역할을 할 수 있게 구성했습니다. 지표를 수집하는 영역, 입장, 상황, 비즈니스, 혹은 알고자 하는 관점이 '모두 같지는' 않을 것입니다. 이 책의 목표는 여러분이 대시보드를 만들 때 시사점을 강조하거나 개선하는 과정에서 재료로 쓸 만한 것들을 하나라도 더 많이 발견하게 돕는 것입니다.

여러분이 일하는 비즈니스 영역 혹은 다루는 데이터가 이 책의 예시와 같다는 것보다는 대시보드를 만들 때 필요한 사고 과정이나 발상 및 방법론을 상황에 맞춰 자유롭게 적용하는 것이 중요합니다. 그렇기 때문에 이번 장에서는 대시보드 안에 있는 각 요소가 어떤 사고 과정을 통해 만들어졌으며, 그 기능은 무엇이고 오디언스에게 어떤 시사점을 주는지 설명합니다.

이번 장에서 소개할 다양한 상황에서의 사고방식을 융합하거나 2장 이후에 설명한 힌트나 기법을 조합해서 여러분의 필요에 맞게 다양하게 적용할 수 있을 것입니다.

예를 들어 155쪽에서는 디지털 마케팅 웹 애널리틱스 예제를 소개합니다. 여러분이 웹 애널리틱스를 다루지 않더라도 '현재와 과거의 성과를 표시하고 비교하며 판단하는 상황'에서 필요한 사고 과정이나 설계 방법에 관해 학습할 수 있을 것입니다. 그러므로 이번 장에서 설명하는 케이스가 여러분의 업무와 완전히 일치하지 않더라도, 이런 사고 과정이나 그 프로세스를 업무에 활용할 수 있게 되기를 바랍니다.

4-1 '대시보드'란 무엇인가?

대시보드라는 용어의 정의에 관해 열 명에게 물어보면 열 명 모두 다른 답을 할 것입니다. 이는 매우 널리 사용되는 말로, 사람에 따라 그 정의도 제각각입니다. 그러나 이 책에서는 그 정의를 '데이터를 보고 이해를 촉진하는 시각적 표현'이라고 생각했습니다. 즉, 다음과 같은 것들은 모두 '대시보드'에 해당한다고 말할 수 있습니다.

- 사내 모든 직원이 보는 지역별, 부서별 비용 목록

- 매일 아침 관리자나 임원들에게 메일로 공유되는 주요 경영 지표

- 부서 전원이 업무 중 실시간으로 볼 수 있는 고객 클레임 KPI

- 영업 담당자가 고객에게 보여주는 전년 대비 성과

예시를 들기는 했지만, 대시보드의 정의 자체는 그리 중요하지 않습니다. 대시보드 종류나 개념 자체도 많을 뿐만 아니라 전문가들의 의견도 다양합니다.

하지만 데이터 시각화의 최종 결과물은 대시보드로 나타나는 경우가 많습니다. 그러므로 실제 대시보드를 실습 예제로 수행하는 데이터 시각화 설명이 학습 면에서 가장 실질적이며, 실무에 곧바로 효과적인 도움을 줄 수 있습니다.

대시보드는 크게 두 종류로 구분한다

대시보드는 크게 다음과 같이 두 종류로 구분합니다.

- 탐색형 대시보드(Exploratory) ▶ 중립적

- 설명형 대시보드(Explanatory) ▶ 명확한 의견

탐색형 대시보드는 일일 KPI를 확인하거나 일상적인 경영 지표를 모니터링하는 유형의 대시보드라고 할 수 있습니다. 이런 유형의 대시보드에서는 색, 폰트, 레이아웃 등을 포함해 많은 디자인 요소의 사용을 피하고, 전달할 지표나 메시지에 관해 오디언스의 의식을 해치지 않는 중립적인 형태가 되게 해야 합니다.

■ 팀색형 대시보드 예시

'SHOW ME THE TOP & BOTTOM PER REGION' / Ann Jackson 작

URL https://public.tableau.com/profile/ann.jackson#!/vizhome/WorkoutWednesdayWeek41-
TopBottomHighlights/WorkoutWednesdayWeek41-TopBottomHighlights

한편 설명형 대시보드는 명확하게 하나의 메시지를 전달하기 위한 것입니다. 데이터 시각화에
도 공모전(콘테스트, 해커톤 등)이 있습니다. 그러한 공모전 출품작은 전달하고자 하는 주제가
명확하며, 설명형 대시보드 유형이 포함될 때가 많습니다. 예를 들어 세계 각국의 행복도 순위,
이라크 전쟁 희생자 수의 비참함 등은 전달하고자 하는 주제가 명확합니다.

■ 설명형 대시보드 예시

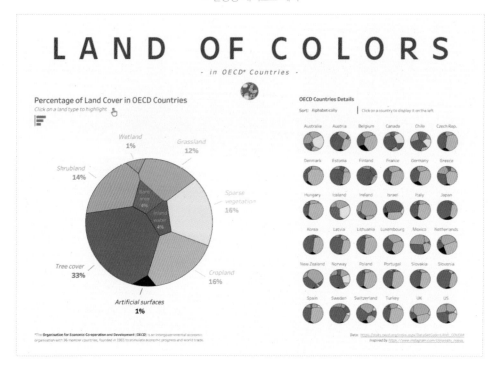

'LAND OF COLORS' / Tristan Guillevin 작

URL https://public.tableau.com/profile/guillevin#!/vizhome/LandOfColors/Landofcolors

완벽한 것은 없다

이 책에서 설명하는 대시보드에는 필자가 만든 것은 물론, 다른 저자의 작품을 빌려온 것도 있습니다. 그러나 어느 것이든 '완벽한 것'은 아닙니다. 즉, 여러분이 만들고자 하는 대시보드에 관한 완벽한 답을 이 책에서 제시하지는 못합니다.

하지만 완벽하지 않다고 해서 활용할 가치가 없다고 할 수는 없습니다. 완벽한 대시보드는 아니더라도 여러분이 지금 혹은 미래에 만날 비즈니스 질문에 가장 적합한 대시보드를 생각해낼 수 있는 스킬이야말로 반드시 갖춰야 할 기본입니다.

입장이나 상황, 관점이나 시점, 오디언스에 따라 데이터 시각화나 대시보드에 대한 평가는 완전히 달라집니다. 현재 자기 입장에서 완벽하게 보이는 대시보드라고 하더라도, 다른 사람 입장에서 보면 정보가 부족하거나 이해하기 어렵거나, 혹은 개선의 여지가 있는 것이 많습니다. 그렇기 때문에 길을 잃고 헤맬 때 다시 돌아올 수 있는 곳으로, 오디언스나 목적을 늘 생각해야 합니다. 비록 쉬운 일은 아니지만, 이번 장의 내용이 그에 조금이나마 도움이 되기를 바랍니다.

4-2 세계 시가 총액 순위 −막대그래프의 신비−
예제 01

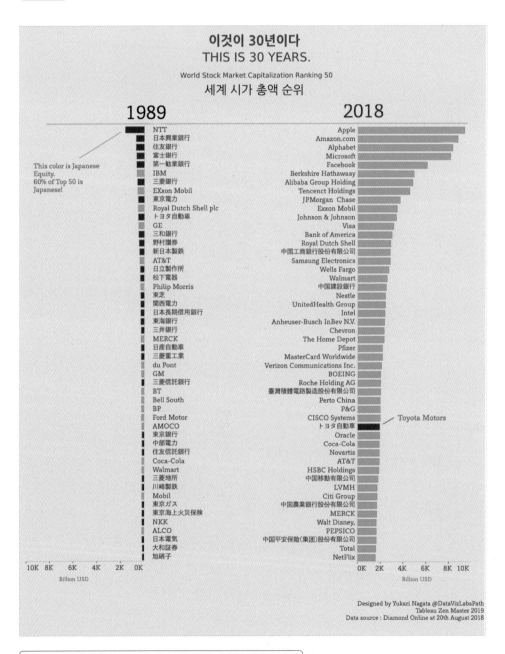

'이것이 30년이다' (Diamond Online 데이터를 사용해 필자가 작성)

URL https://public.tableau.com/profile/yukari.nagata0623?fbclid=#!/vizhome/WorldStockMarketCap50/
WorldStockMarketCap2

배경

2018년 다이아몬드 온라인(Diamond Online, https://diamond.jp/)에서 세계 시가 총액 순위를 발표했습니다. 1989년 당시에는 많은 일본 기업이 상위 순위를 차지했지만, 1989년부터 30년이 지난 시점에는 1개 회사(토요타 자동차, トヨタ自動車)만 남았습니다. 이 사실은 놀라움과 슬픔으로 인해 미디어에서도 화제가 됐습니다.

■ 세계 시가 총액 순위

1989년 세계 시가 총액 순위

순위	기업명	시가총액 (억$)	국가
1	NTT	1,638.6	日本
2	日本興業銀行	715.9	日本
3	住友銀行	695.9	日本
4	富士銀行	670.8	日本
5	第一勧業銀行	660.9	日本
6	IBM	646.5	米国
7	三菱銀行	592.7	日本
8	エクソン	549.2	米国
9	東京電力	544.6	日本
10	ロイヤル・ダッチ・シェル	543.6	英国
11	トヨタ自動車	541.7	日本
12	GE	493.6	米国
13	三和銀行	492.9	日本
14	野村證券	444.4	日本
15	新日本製鐵	414.8	日本
16	AT&T	381.2	米国
17	日立製作所	358.2	日本
18	松下電器	357.0	日本
19	フィリップ・モリス	321.4	米国
20	東芝	309.1	日本
21	関西電力	308.9	日本
22	日本長期信用銀行	308.5	日本
23	東海銀行	305.4	日本
24	三井銀行	296.9	日本
25	メルク	275.2	米国
26	日産自動車	269.8	日本
27	三菱重工業	266.5	日本
28	デュポン	260.8	米国
29	GM	252.5	米国
30	三菱信託銀行	246.7	日本
31	BT	242.9	英国
32	ベル・サウス	241.7	米国
33	BP	241.5	英国
34	フォード・モーター	239.3	米国
35	アモコ	229.3	米国
36	東京銀行	224.6	日本
37	中部電力	219.7	日本
38	住友信託銀行	218.7	日本
39	コカ・コーラ	215.0	米国
40	ウォルマート	214.9	米国
41	三菱地所	214.5	日本
42	川崎製鉄	213.0	日本
43	モービル	211.5	米国
44	東京ガス	211.3	日本
45	東京海上火災保険	209.1	日本
46	NKK	201.5	日本
47	アルコ	196.3	米国
48	日本電気	196.1	日本
49	大和証券	191.1	日本
50	旭硝子	190.5	日本

출처: 미 비즈니스 위크(1989년 7월 17일 발간) 'THE BUSINESS WEEK GLOBAL 1000'

2018년 세계 시가 총액 순위

순위	기업명	시가총액 (억$)	국가
1	アップル	9,409.5	米国
2	アマゾン・ドット・コム	8,800.6	米国
3	アルファベット	8,336.6	米国
4	マイクロソフト	8,158.4	米国
5	フェイスブック	6,092.5	米国
6	バークシャー・ハサウェイ	4,925.0	米国
7	アリババ・グループ・ホールディング	4,795.8	中国
8	テンセント・ホールディングス	4,557.3	中国
9	JPモルガン・チェース	3,740.0	米国
10	エクソン・モービル	3,446.5	米国
11	ジョンソン・エンド・ジョンソン	3,375.5	米国
12	ビザ	3,143.8	米国
13	バンク・オブ・アメリカ	3,016.8	米国
14	ロイヤル・ダッチ・シェル	2,899.7	英国
15	中国工商銀行	2,870.7	中国
16	サムスン電子	2,842.8	韓国
17	ウェルズ・ファーゴ	2,735.4	米国
18	ウォルマート	2,598.5	米国
19	中国建設銀行	2,502.8	中国
20	ネスレ	2,455.2	スイス
21	ユナイテッドヘルス・グループ	2,431.0	米国
22	インテル	2,419.0	米国
23	アンハイザー・ブッシュ・インベブ	2,372.0	ベルギー
24	シェブロン	2,336.5	米国
25	ホーム・デポ	2,335.4	米国
26	ファイザー	2,183.6	米国
27	マスターカード	2,166.3	米国
28	ベライゾン・コミュニケーションズ	2,091.6	米国
29	ボーイング	2,043.8	米国
30	ロシュ・ホールディング	2,014.9	スイス
31	台湾セミコンダクター・マニュファクチャリング	2,013.2	台湾
32	ペトロチャイナ	1,983.5	中国
33	P&G	1,978.5	米国
34	シスコ・システムズ	1,975.7	米国
35	トヨタ自動車	1,939.8	日本
36	オラクル	1,939.3	米国
37	コカ・コーラ	1,925.8	米国
38	ノバルティス	1,921.9	スイス
39	AT&T	1,911.9	米国
40	HSBC・ホールディングス	1,873.8	英国
41	チャイナ・モバイル	1,786.7	香港
42	LVMHモエ・ヘネシー・ルイ・ヴィトン	1,747.8	フランス
43	シティグループ	1,742.0	米国
44	中国農業銀行	1,693.0	中国
45	メルク	1,682.0	米国
46	ウォルト・ディズニー	1,661.6	米国
47	ペプシコ	1,641.5	米国
48	中国平安保険	1,637.7	中国
49	トタル	1,611.3	フランス
50	ネットフリックス	1,572.2	米国

*7월 20日 기준 各종 데이터를 기반으로 본 매체 편집부에서 작성

'월간 다이아몬드' 2018년 8월 25일호에서
@다이아몬드사 2018 무단 전제 금지

다이아몬드 온라인 인용

URL https://diamond.jp/articles/-/177641?page=2

개인적으로 이 표를 봤을 때 그 사실을 명확하게 전달하지 못한다고 생각했습니다. 절대적인 시가 총액 자체도 큰 차이가 있었기에 그 성장 규모도 함께 표현할 수 있다면 좋을 것이라고 생각했기 때문입니다.

오디언스

사회 및 경제에 관심이 있는 사람, 데이터 시각화에 관심이 있는 사람.

목적

세계 시가 총액 순위를 순위뿐만 아니라 시가 총액의 크기 변화, 기업의 국적 등도 원본 데이터보다 쉽게 인식하는 형태로 나타내 전달하고자 하는 메시지를 한층 더 인상적으로 강조해서 전달되게 합니다.

이용 방법

각종 SNS 등에서의 조회나 설명형 대시보드로서의 작품 포트폴리오로 이용

설정한 요구 사양

- 숫자의 순위를 보다 효과적으로 전달할 수 있게 한다.
- 숫자를 나열한 경우에는 순위 정보만 전달할 수 있지만, 시가 총액 자체도 30년 동안 증가했음을 전달한다.
- 30년이라는 두 시점을 명확하게 대비시킨다.
- 일본 기업이 1개만 남았다는 슬픔과 유감을 표현한다.

사고 과정

다음으로, 이 작품을 만드는 과정에서 특히 노력을 기울였던 부분을 순서대로 따라가면서 설명합니다.

■ 이 작품의 포인트

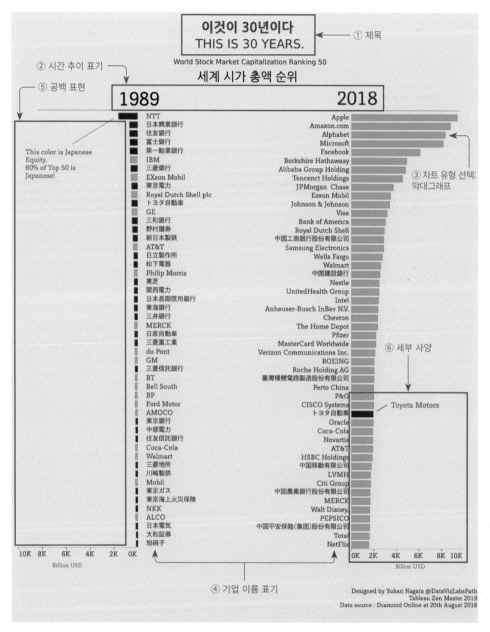

① 제목

제목을 붙이는 방법은 데이터 시각화에 숙달된 사용자들조차도 매번 고민하는 부분입니다. 오디언스의 눈에 가장 먼저 들어오는 부분이기도 하며, 다양한 관점에서 표현할 수 있기 때문입니다. 다양한 관점이란, '홋카이도 매출 분석'과 같이 중립적인 제목을 사용할 수도 있지만, '홋카이도 매출, 전년 대비 2배로 증가'와 같이 결론을 포함한 메시지 성격의 것도 사용할 수 있다는 의미입니다.

이 내시보드에서는 '1989년의 30년 뒤에는 1개의 일본 기업만 순위에 남아있다는 것이 유감이다'라는 점을 표현하기 위해 '이것이 30년이다(THIS IS 30 YEARS)'라는 제목을 사용해 오디언스에게 해석을 맡기기로 했습니다. 그리고 부제로 '세계 시가 총액 순위(World Stock Market Capitalization Ranking 50)'를 넣었습니다.

② '두 점 사이'의 시간 추이

일반적으로 추이를 표현하는 선 그래프 등에서는 그 '시점'(연도 등)을 축 라벨로 눈에 띄게 하기는 어렵지만, 이번 비교는 '2점 사이의 시간 경과에 따른 비교'이므로 '30년' 자체를 강조하기 위해 각 연도를 제목과 비슷한 크기로 강조해서 컨텍스트를 명확하게 만들었습니다.

③ 차트 유형 선택: 막대그래프

이 데이터 시각화에서는 30년에 걸친 순위의 변화뿐만 아니라 시가 총액의 변화도 전달하고자 했으므로 '양의 비교'를 직접 표현할 수 있는 막대그래프를 이용했습니다.

④ 기업 이름 표기

기업 이름 표기는 한 언어로 통일하지 않고, 각 기업의 본사 소재 국가의 표기를 그대로 따랐습니다. 텍스트 시각화를 통해 그 정도나 비율을 무의식적으로 파악할 수 있게 하고자 했기 때문입니다.

또한 기업 이름의 텍스트를 중심으로 대칭된 레이아웃을 사용했습니다. 기업 이름 사이의 거리가 멀면 애써 각 기업의 본사 소재 국가 언어를 사용한 효과가 사라지기 때문입니다.

⑤ 텍스트(숫자) 생략

각 기업의 개별 시가 총액 숫자는 삭제했습니다. 전달하고자 하는 메시지에 시가 총액 숫자 자체는 필요하지 않다고 생각했기 때문입니다. 그리고 '두 점 사이'의 시간 추이를 쉽고 명확하게 비교할 수 있다면 충분하다고 생각했으므로 간단하게 막대그래프를 이용해 순위를 매겼습니다.

⑥ 공백 표현

공백 그 자체가 표현을 하고 있으므로 특별히 다른 내용을 넣지 않기로 했습니다. 사람은 시트에 공백이 있는 것을 두려워하기 때문에 범례나 필터, 파라미터 등을 넣으려고 합니다. 공백이 있다고 해서 데이터나 범례, 정보를 마구잡이로 넣지 말고 분명한 의도가 있을 때만 넣습니다. 다음은 공백을 사용하는 팁입니다.

- 명확한 의도가 없는 한 이미지나 일러스트, 데이터를 넣지 않는다.
- 공백을 줄이기 위해 전체 크기를 줄이지 않는다.

⑦ 세부 사양

간단한 막대그래프야말로 세부 사항(디테일)에 신경 써야 합니다. 여기에서는 다음 내용을 적용했습니다.

- 아래의 큰 눈금과 함께, 눈에 띄지 않을 정도로 작은 눈금을 넣었습니다.
- 주의가 산만해지지 않게 유일하게 남아있는 'Toyota Motors' 하나만 주석으로 넣었습니다. 주석을 하나만 남김으로써 좀 더 슬픔을 강조하고자 의도했습니다.
- 축은 회색, 눈금 라벨은 짙은 검은색을 사용해 깔끔하고 날카로운 인상을 주었습니다. 회색은 기억을 흐릿하게 만듭니다.
- 배경에는 다소 탁한 계열의 색을 사용해 강조 색인 검정과 빨강이 도드라지게 했습니다.

칼럼 막대그래프가 효과적일 때는 언제인가?

그럼 막대그래프는 어느 때 사용하는 것이 좋을까요? 여기까지 막대그래프에 관한 설명을 듣고 '그럼 막대그래프는 어떤 때 선택해야 하는가?'라고 생각한 사람도 있을 것입니다.

사실 막대그래프는 어디에든 사용할 수 있는 매우 편리한 유형의 차트입니다. 막대그래프와 선 그래프만으로도 비즈니스 상황과 관련된 질문의 80%에 답할 수 있다고 말하기도 합니다. 막대그래프가 이처럼 편리한 이유는 막대 높이나 위치를 이용해 다른 대상과 직접 비교하기가 쉽기 때문입니다. 무언가 곤란할 상황이라고 느껴질 때는 꼭 막대그래프를 사용해 보기 바랍니다.

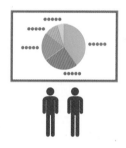

4-3 디지털 마케팅 —페이드 미디어—

예제 02

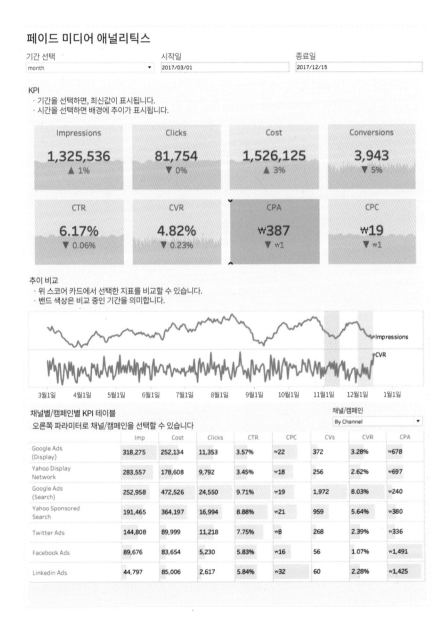

페이드 미디어 애널리틱스

기간 선택	시작일	종료일
month	2017/03/01	2017/12/15

KPI
· 기간을 선택하면, 최신값이 표시됩니다.
· 시간을 선택하면 배경에 추이가 표시됩니다.

Impressions	Clicks	Cost	Conversions
1,325,536 ▲ 1%	81,754 ▼ 0%	1,526,125 ▲ 3%	3,943 ▼ 5%

CTR	CVR	CPA	CPC
6.17% ▼ 0.06%	4.82% ▼ 0.23%	₩387 ▼ ₩1	₩19 ▼ ₩1

추이 비교
· 위 스코어 카드에서 선택한 지표를 비교할 수 있습니다.
· 밴드 색상은 비교 중인 기간을 의미합니다.

채널별/캠페인별 KPI 테이블
오른쪽 파라미터로 채널/캠페인을 선택할 수 있습니다

채널/캠페인
By Channel

	Imp	Cost	Clicks	CTR	CPC	CVs	CVR	CPA
Google Ads (Display)	318,275	252,134	11,353	3.57%	₩22	372	3.28%	₩678
Yahoo Display Network	283,557	178,608	9,792	3.45%	₩18	256	2.62%	₩697
Google Ads (Search)	252,958	472,526	24,550	9.71%	₩19	1,972	8.03%	₩240
Yahoo Sponsored Search	191,465	364,197	16,994	8.88%	₩21	959	5.64%	₩380
Twitter Ads	144,808	89,999	11,218	7.75%	₩8	268	2.39%	₩336
Facebook Ads	89,676	83,654	5,230	5.83%	₩16	56	1.07%	₩1,491
Linkedin Ads	44,797	85,006	2,617	5.84%	₩32	60	2.28%	₩1,425

배경

페이드 미디어(paid media)라고 불리는 검색 연동형 광고, SNS 광고, 블로그, 유료 기사와 같은 광고 운영 영역에서는 매출과 직접 연결되는 중요 지표를 추적해야 합니다. 왜냐하면 광고에 투입한 경제적 비용에 대해 수익이 증가하고 있는지를 봄으로써 광고 비용을 최적화하기 때문입니다. 즉, '비용 대비 성능(cost performance)'입니다.

유명한 것으로는 구글 애널리틱스(Google Analytics)(등록한 사이트의 사용자 행동에 관한 데이터를 시각화하는 도구) 등에서 다양한 지표 그룹을 추적하는 기업도 있습니다.

오디언스

광고 운영 부서의 팀 구성원

목적

매출 상승 및 광고 예산의 효율적 운영

이용 방법

페이드 미디어의 일반적인 지표를 한눈에 확인하고 사용자 행동 지표를 파악합니다. 팀에서 지표에 관한 논의를 통해 효율이 높은 광고를 의논하고 예산 최적화를 고려합니다.

설정한 요구 사양

- 사이트 방문자 지표를 추적하고 그 추이를 볼 수 있다.

- 광고 실적을 주간, 월간, 분기별로 즉시 변경해서 추적할 수 있다.

- 채널별 혹은 캠페인별로 각 지표를 확인할 수 있다.

실적 표기

앞에서 설명한 것처럼 조직이나 그 조직의 비즈니스 모델의 중요한 지표는 텍스트로 크게 표현합니다.

■ 중요한 지표는 증감 표시를 붙여 크게 표시

특히 상황 변화가 빠른 웹 애널리틱스에서는 실적 숫자를 한 자릿수까지 표시함으로써 정밀하게 움직임을 판단할 수 있게 합니다. 한 자릿수까지 표시하더라도 전체적으로 어지럽지 않게 스코어 카드(score card) 형태로 배치해서 표현할 수 있습니다. 각 KPI를 카드에 배치하면 사용자는 인지 부하를 높이지 않으면서 이해할 수 있습니다.

중요 지표를 단순하고 깔끔하게 배치

각 지표를 담은 스코어 카드를 깔끔하게 같은 크기로 배치해 통일감을 줍니다. 또한 정해진 기간(timespan) 동안의 비교를 이용해 이전 대비 증가한 지표는 분홍색, 감소한 지표는 파란색 등을 사용해 비교 결과를 즉시 알아볼 수 있게 합니다.

그리고 이런 중요 지표를 배치하는 패턴을 가진 대시보드 부분에서는 다음 그림과 같이 그리드 레이아웃의 가로 세로를 같은 크기로 정렬하면 깔끔해집니다. 처음부터 전체 영역의 크기를 결정하고 게시할 지표의 수 또한 정해두는 것이 포인트입니다.

■ 그리드 레이아웃을 이용해 같은 간격으로 배치

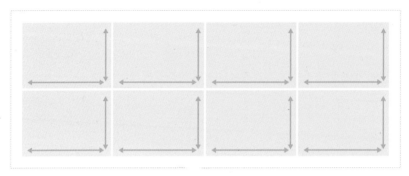

추이를 가깝게 표현

특히 웹 마케팅이나 디지털 마케팅이라 불리는 분야에서는 연관된 2개 이상의 숫자를 동시에 보고자 할 때가 많아, 서로 다른 세로축을 좌우에 이용한 그래프를 자주 이용합니다. 그 이유는 동시에 해당 지표의 연관성을 봐야 하는 것이 있기 때문입니다.

예를 들면 다음 그림과 같습니다.

■ 서로 다른 축을 좌우에 이용하는 예시

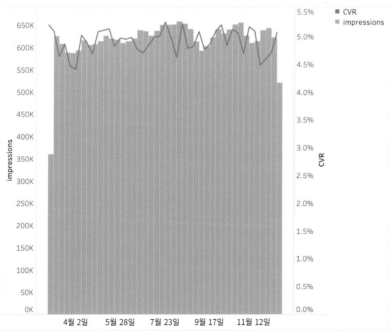

서로 다른 세로축을 좌우에 이용하면 범례를 추가해 설명해야 하므로, 오디언스의 인지 부하가 높고 이해하는 데 시간이 걸립니다. 어떤 그래프가 무엇을 의미하는지에 대한 확인이나 어느 지표가 어떤 축을 이용하는지에 대한 확인도 해야 하므로 스트레스 요인이 됩니다.

이런 상황을 피하기 위해 이 대시보드에서는 가운데 부분에 추이를 표현하는 선 그래프를 2개 배치함으로써 추이를 쉽게 보고 이해할 수 있게 했습니다.

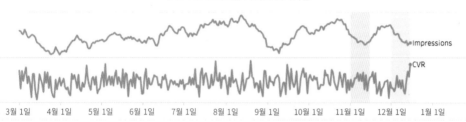

■ 2개의 선 그래프를 가까이 위치시킴

가운데 부분의 추이는 그리드 레이아웃으로 만든 KPI를 클릭하면 동적으로 변경되어 중앙에 해당 지표가 표시되게 했습니다.

■ 지표 스코어 카드를 클릭한 상태

이것으로 선택한 2개의 지표를 임의의 시간 축에서 깔끔하게 비교할 수 있습니다. 또한 선택된 기간에는 더 비교하기 쉽게 밴드를 붙였습니다.

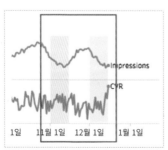

■ 비교 대상 기간에 밴드를 붙임

파라미터를 이용한 분석 축(채널/캠페인) 제어

오른쪽 위의 '채널/캠페인' 드롭다운 메뉴에서 KPI 테이블 표시를 전환할 수 있습니다. 이렇게 함으로써 공간을 차지하지 않는 깔끔한 대시보드를 만들 수 있습니다.

■ 분석 축 제어

채널별/캠페인별 KPI 테이블 오른쪽 파라미터로 채널/캠페인을 선택할 수 있습니다						채널/캠페인 By Channel By Channel By Campaign		
	Imp	Cost	Clicks	CTR	CPC	CV		
Google Ads (Display)	318,275	252,134	11,353	3.57%	₩220	372	3.28%	₩6780
Yahoo Display Network	283,557	178,608	9,792	3.45%	₩180	256	2.62%	₩6970
Google Ads (Search)	252,958	472,526	24,550	9.71%	₩190	1,972	8.03%	₩2400
Yahoo Sponsored Search	191,465	364,197	16,994	8.88%	₩210	959	5.64%	₩3800
Twitter Ads	144,808	89,999	11,218	7.75%	₩80	268	2.39%	₩3360
Facebook Ads	89,676	83,654	5,230	5.83%	₩160	56	1.07%	₩1,4910
Linkedin Ads	44,797	85,006	2,617	5.84%	₩320	60	2.28%	₩1,4250

여러분이 근무하는 회사에도 그림을 그리는 작업자의 도구 안에서 작업이 완결되지 않고, 종이에 인쇄해야만 하는 경우도 많을 것입니다. 그런 때를 위해 A4 용지 안에 완전한 내용이 표시되게 하기 위해서도 전환 탭이 필요할 수 있습니다. 전환 탭을 사용하면 모든 숫자를 표시하지 않아도 되므로 장황한 대시보드를 만들지 않을 수 있습니다. 이처럼 설정한 크기에 맞게 가능한 한 콤팩트하게 만들려고 노력함으로써 유연한 구성을 할 수 있습니다.

색 수 줄이기

색 수를 가능한 한 줄여 오디언스가 이 대시보드에서 전달하고자 하는 것만 의식하게 했습니다. 선 그래프의 선은 회색을 이용하고, 스코어 카드 내부 색도 톤을 낮춰 부산한 느낌이 나지 않게 했습니다. 색이 없더라도 기능이나 이해에 문제가 없는 수준까지 수를 줄였습니다.

여러분이 색을 사용할 때는 반드시 색을 사용해야 하는지, 그 색이 오디언스에게 무엇을 전달하는지를 생각하기 바랍니다. 그리고 이 질문에 답할 수 없다면 사용하는 색 수를 줄입니다.

칼럼 **가장 중요한 포인트는 '뺄셈'**

많은 사람이 **무엇을 하면** 데이터 시각화를 잘 할 수 있을까?' 또는 '무엇인가 덧붙이고 싶다'는 생각에 사로잡혀 있습니다.

하지만 여러분이 아무 생각 없이 해왔던 불필요한 것을 하지 않는 것만으로도 데이터 시각화는 극적으로 좋아집니다.

학생들이나 기업 대부분이 처음에는 세세한 정보를 입수하고 여러 색을 사용해서 매우 화려한 대시보드를 만듭니다. 이렇게 많은 것을 넣고 싶어 하는 이유는 무엇일까요?

그 뒷면에는 수많은 불안과 자기방어, 무의식적인 두려움 등이 있습니다.

'내가 한 것을 모두 넣지 않으면 성과로서 평가받지 못할지도 모른다.'

'정보를 넣지 않은 것을 지적받거나 비판받으면 어떻게 하지?'

'반드시 전달해야 하기 때문에 점점 많은 정보를 넣고 싶다.'

'친절한 마음으로 넣어 본다.'

'좋을 것 같으니...'

여러분도 비슷한 생각을 한 경험은 없습니까?

이런 불안은 사람이라면 당연히 느끼는 것입니다. 그러나 여러분이 아무 생각 없이 하는 행동들이 실제로는 메시지를 전달하는 데 방해가 된다면 어떨까요?

그렇다면 그 행동을 그만둬야 할 것입니다.

이 책에서는 다양한 기법 중 그만둬야 할 포인트도 많이 담고 있습니다. 이 내용을 참고해서 빼야 할 것은 없는지 꼭 확인하기 바랍니다.

4-4 보험 에이전시 경영진 대시보드

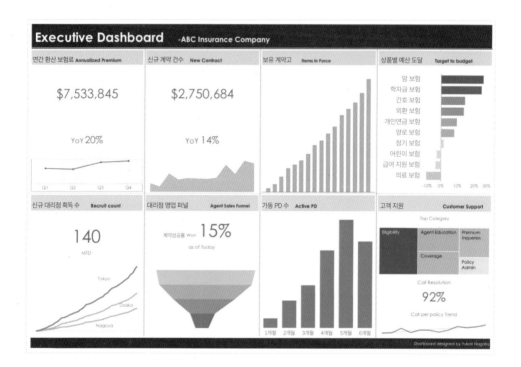

배경

전국에 지점을 가진 증권, 은행, 보험 등 금융 기관에서는 전체 실적을 항상 파악하는 것이 의사 결정이나 판단을 위해 매우 중요합니다. 이 절에서는 전국에 많은 지점 및 대리점을 가진 보험 회사에서의 대시보드를 소재로 합니다.

어떤 비즈니스든 조직의 경영진 및 관리자는 현재 비즈니스 상황을 즉시 알고 싶을 것입니다. 자사의 전략이나 비전과 맞는 상황인지, 그리고 그것이 예정된 상태와 일치하는지 맞히기 위해 늘 추적해야 하기 때문입니다. 특히 영업 부서의 성적이나 실적 등은 누구라도 알고 싶어 할 것입니다.

하지만 의외로 많은 기업이나 조직이 다음과 같은 상황에 처해 있습니다.

1. 경영진 및 관리자들은 자사의 성적을 파악할 수 없다.

2. 성적이 공유되지 않아 동일 컨텍스트에서 대화를 나눌 수 없다.

그렇기 때문에 데이터 시각화를 할 때는 1)과 2) 모두를 동시에 해결하는 것을 목적으로 대시보드를 구축합니다.

오디언스

임원, 경영진, 기타 관리자

목적

위 오디언스 모두가 주요 KPI를 파악하고, 이후 경영 전략에 관해 의논할 수 있게 합니다.

이용 방법

임원, 경영진은 정례 회의 등에서 30분 정도의 짧은 회의를 진행하므로 그 회의에서 이용합니다. 또한 차량 탑승 중과 같은 짧은 시간에도 내용을 확인할 수 있게 합니다.

요구 사양

- KPI 중에서 가장 중요한 연간 환산 보험료와 신규 계약 건수는 즉시 파악할 수 있게 한다.

- 현재 지표를 모니터링하는 동시에 분기별 경향도 확인할 수 있다.

- 연간 환산 보험료, 신규 계약 건수, 보유 계약고, 신규 획득 대리점 수, 신규 PD 수 등 매출로 이어지는 예산 책정의 열쇠가 되는 지표를 파악한다.

- 영업 프로세스별로 어디에서 거래를 잃고 있는지 확인할 수 있다.

그리드 레이아웃

행 혹은 열을 따라 자연스럽게 시선이 흐르게 함으로써 짧은 시간에 주요 지표를 한눈에 볼 수 있게 전체를 그리드 레이아웃으로 구성합니다. KPI는 스트레스 없이 빠르게 사실을 매일 확인하고 싶은 것이 많을 것입니다. 그러므로 이해하는 데 시간이 걸리지 않게 면적과 페이지 등을 격자로 나누어 조합할 수 있는 그리드 레이아웃이 적합합니다. 오디언스가 다음으로 어떤 정보를 봐야 할지 바로 알 수 있는 레이아웃입니다.

그리드 레이아웃은 다양한 스타일이 있으며, 예를 들어 다음 그림과 같이 배치할 수도 있습니다.

■ 그리드 레이아웃 예시

이번 예시에서는 모두 같은 크기로 정렬했지만, 앞의 그림처럼 왼쪽에 2개, 오른쪽에 1개를 배치할 수도 있습니다.

중요 지표는 왼쪽 위에 배치

게시한 KPI는 모두 중요하지만, 그중에서도 특히 중요한 지표는 왼쪽 위에 배치합니다. 2장 레이아웃 절에서도 설명했지만, 왼쪽 위는 가장 시각적 효과가 높은 위치입니다. 중요한 지표를 왼쪽 위에 배치합니다.

■ 손실에 직결되는 중요 지표

손실에 직결되는 핵심 지표를 먼저 확인한 뒤, 이를 뒷받침하는 보유 계약고 추이, 그리고 상품별 예산 대비 상태 등을 이해할 수 있게 합니다. 전체를 보면서도 상품별 예산 현황을 보면서 각 상품의 예산 달성 여부를 확인하고 문제가 있는 곳이 어디인지 논의할 수 있게 합니다.

큰 시선의 흐름이 왼쪽에서 오른쪽으로 흐르게 고려해 구현합니다.

■ 왼쪽에서 오른쪽으로 시선이 흐르게 설계

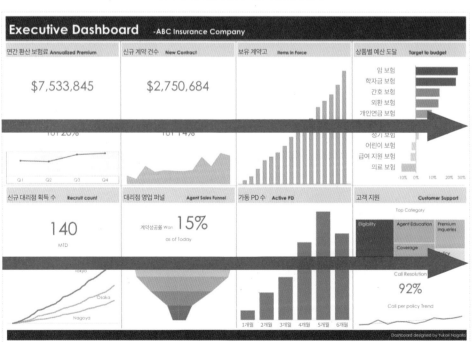

이 책에서 수차례 등장했던 BANs 기법을 이 대시보드에서도 활용했습니다.

'데이터 시각화'라고 하면 '숫자는 없애고 모든 것을 그래프로 나타내야 한다'고 생각하는 사람들이 많지만, 비즈니스에 실무 감각이 있는 사람이라면 한 자릿수의 변동까지 보고 싶을 것입니다. 실무를 하고 있으면 피부로 와닿는 것이 있기 때문에, 광고 캠페인 등을 집행하면 그 전후의 광고 효과를 세세하게 알고 싶을 것입니다. 이런 사항은 간결하게 텍스트로 표시한 뒤 추이를 선 그래프로 보완하면 깔끔합니다.

■ BANs 기반의 텍스트를 사용한 차트 표시

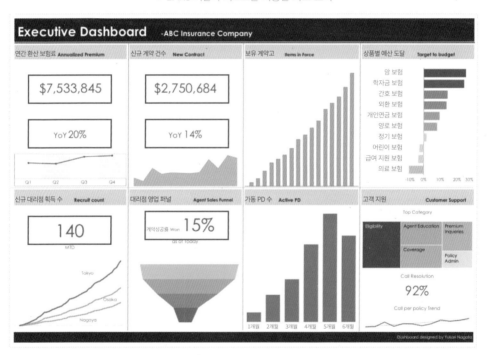

적절한 차트 선택

영업 성적에 관련된 지표를 포함하고 있는 대시보드이므로 '어디에서 거래 실패가 발생하는가?'는 오디언스가 가장 흥미 있는 정보 중 하나입니다. 여기에서는 그 정보를 퍼널(funnel)로 표시했습니다. 퍼널이란 마케팅 사고방식의 하나로 소비자가 어떤 상품을 구입할 때까지의 의식의 흐름을 그림으로 나타낸 것입니다. 퍼널의 사전적 의미는 '깔대기'입니다.

대리점 영업 퍼널에 관해서 어떤 시점에서 잠재 고객을 놓치는지 이해하기 위해 '접촉했는가?', '회의를 진행했는가?', '설계서를 보여줬는가?', '심사에 참석했는가?', '계약을 완료했는가?'와 같은 단계로 나누고, 각 단계 부분에 마우스 커서를 올리면 상세 정보가 표시되게 했습니다.

■ 마우스 커서를 올려 상세 정보 확인

퍼널은 비즈니스 현장에서 그다지 일반적이지 않은 유형의 차트이나, 다음 요소를 고려해 퍼널을 사용했습니다.

- 표현의 단순함
- 인터랙티브 기능을 최소화한 상태에서도 전달할 수 있음

퍼널 차트는 그 형태만으로 이해를 촉진하며 크기 또한 의미를 가지고 있으므로 영업 성과를 직관적으로 이해할 수 있습니다.

그리고 신규 획득 대리점 수를 표시하기 위해 사용한 선 그래프는 시간 경과에 따른 추이를 표현하기 적합하므로 KPI 상세 숫자와 함께 그리드 안에 선을 넣었습니다.

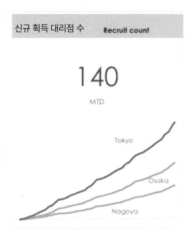

■ 선 그래프로 누적값 표현

인터랙티브 기능을 배제하고 빠르게 보고 파악하게 함

임원, 경영진 및 관리자의 사용을 고려해 필터나 파라미터, 날짜 변경 등 사용자가 직접 조작할 수 있는 인터랙티브 기능이나 화면 스크롤은 가능한 배제했습니다. 알고 싶은 정보에 도달하기 위해 과도하게 클릭하거나 화면을 이동해야 하지 않게, 그리고 너무 상세한 정보까지는 보이지 않게 설계했습니다. 상세한 정보를 이 대시보드에 표시하면 오디언스는 무엇을 봐야 할지 혼란을 느끼기 때문입니다.

최근 BI 도구로 대표되는 데이터 시각화 도구는 동적인 기능이나 재미있는 동작을 붙이는 기능을 많이 제공하지만, 오디언스의 관점에서 사용할 필요가 없는 기능일 때는 사용하지 않기로 판단하는 것이 좋습니다.

4-5

예제 04

인사 대시보드

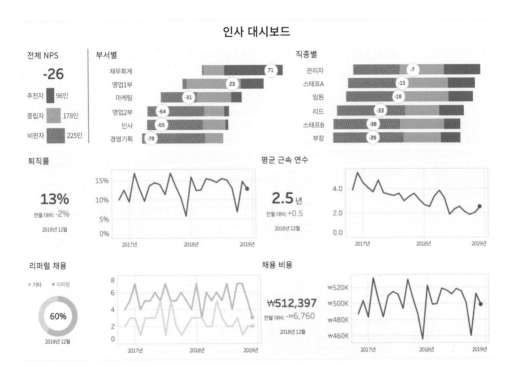

배경

최근 많은 기업이 'eNPS' 또는 '인게이지먼트 서베이(engagement survey)'라는 이름으로 조직에 대한 직원의 만족도를 조사합니다. eNPS란 Employee Net Promoter Score의 약자로 '직원 인게이지먼트'를 측정하는 지표입니다.

직원 인게이지먼트란 직장에 대한 신뢰도/애착도를 의미합니다. 인구 부족이라 불리는 시대에 퇴직률을 조금이라도 낮추기 위한 지표로 사용되는 eNPS 측정을 주요 사업으로 영위하는 기업도 있습니다. eNPS는 피플 애널리틱스(people analytics)라고 불리기도 합니다.

eNPS의 핵심 질문은 '여러분이 지금 일하는 회사를 친구나 지인에게 얼마나 추천할 수 있습니까?'입니다. 이 질문에 대해 응답자는 0부터 10점의 11단계 점수로 대답합니다. eNPS를 포함한 NPS(추천자 비율)의 개념에서 0~6점으로 대답한 사람은 비판자(detractor), 7~8점으로 대답한 사람은 중립자(passive), 9~10점으로 대답한 사람은 추천자(promoter)로 표현되며 추천자 비율에서 비판자의 비율을 뺀 숫자가 eNPS 점수가 됩니다.

이 지표는 일반적으로 다음과 같은 인사 정책을 수립하기 위한 목적으로 사용됩니다. 항목 중에 있는 리퍼럴 채용(추천자 채용)이란 기존 직원의 소개, 추천을 통한 채용 방법을 의미합니다.

- 리퍼럴 채용을 늘려 채용 비용을 낮춘다.

- 고성과자의 이직을 방지한다(퇴직률을 낮춘다).

- 직원의 생산성을 높인다.

그 이유는 eNPS가 위에서 설명한 내용과 강한 연관성을 가지고 있다고 판단하기 때문입니다.

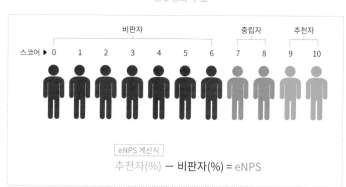

■ eNPS의 구조

오디언스

인사 책임자, 관리자 등 채용 인사 정책에 관해 논의하는 사람

목적

최근 문제가 될 수 있는 퇴직률이나 채용 비용(채용 이벤트 등의 마케팅 비용), eNPS 등을 한눈에 봄으로써 조직 전체의 건강 상태를 파악합니다. 구체적인 숫자와 데이터를 보고 이해함으로써 인사 책임자와 이후 인사 전략에 관해 논의합니다.

이용 방법

인사팀 회의에서 이 대시보드를 보며 논의합니다.

적절한 차트 선택

NPS에서는 점수는 물론 카테고리의 비율(비판자, 중립자, 추천자 비율)이 중요합니다.

예를 들어 eNPS 값이 동일하게 '20'이라고 하더라도 추천자 50%, 비판자 30%에서 얻은 점수 인지, 추천자 20%, 중립자 80%, 비판자 0%에서 얻은 점수인지에 따라 직원 인게이지먼트 상황이나 분포를 완전히 다르게 이해할 수 있기 때문입니다. 이런 이유로 점수와 추천자, 중립자, 비판자의 비율을 함께 한눈에 이해할 수 있게 차트를 선택합니다.

분기 누적 막대그래프는 시작점을 표시하면서 각 카테고리가 어느 정도의 비율인지 보고 알 수 있기 때문에 이런 목적에 가장 적합합니다.

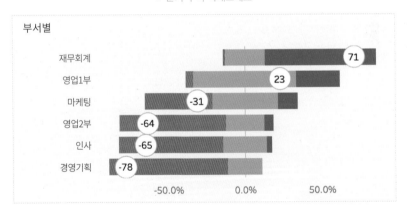

■ 분기 누적 막대그래프

이 유형의 차트는 '서베이', '인터뷰'와 같이 설문 응답 분석에 폭넓게 응용할 수 있습니다. 특히 리커트 척도(Likert scale)를 기반으로 합니다.

리커트 척도란 설문 형식의 서베이입니다. 설문에서 어떤 항목에 대해 '매우 그렇다(매우 만족한다)'에서 '전혀 그렇지 않다(전혀 만족하지 않는다)'와 같이 여러 단계의 선택지를 이용해 대답을 받는 설명 형식으로 오른쪽 그림과 같은 질문이 대표적입니다.

■ 리커트 척도를 이용한 설문 예시

여러분의 조직 운영에 대해 어느 정도 만족하고 있습니까?

전혀 그렇지 않다(전혀 만족하지 않는다)

그렇지 않다(그다지 만족하지 않는다)

보통이다

그렇다(조금 만족한다)

매우 그렇다(매우 만족한다)

분기 누적 막대그래프를 이용해 중립점(0)을 명확하게 표시함으로써 각 부서 등에서의 비판자, 중립자, 추천자가 어느 정도 비율인지 직관적으로 이해/비교할 수 있습니다.

NPS 혹은 eNPS 점수를 이해하려고 할 때 이런 유형의 차트를 사용하지 않고 단순히 점수만 확인할 때가 많습니다. 그렇기 때문에 일반적으로는 비판자, 중립자, 추천자의 비율 등도 보지 않을 때가 많습니다. 하지만 7점 혹은 8점을 선택한 '중립자'에 속하는 사람들은 1점 차이로 추천자가 되거나 비판자가 될 수 있습니다. 즉, 중립자가 많다는 사실은 그들을 추천자로 바꿀 기회가 있다고 바꿔 말할 수 있습니다.

다음은 단순한 막대그래프로 표현한 예시입니다.

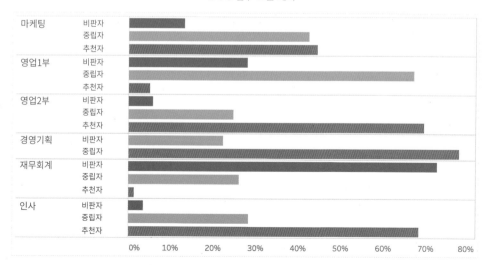

■ eNPS 점수 표현 예시

그러나 이런 그래프에서 무언가 정보를 얻기란 매우 어렵습니다. 리커트 척도를 기반으로 하는 서베이 데이터는 앞으로 분기 누적 막대그래프를 사용함으로써 시사점을 얻을 수 있을지도 모릅니다.

부서별, 직급별 비율에서 새로운 시사점을 발견

부서나 직급별 eNPS 점수를 전체적으로 봄으로써 전체 eNPS와의 비교 혹은 각 부서별, 직급별 비교를 할 수 있습니다. 예를 들어 'eNPS의 발목을 잡고 있는 것은 어떤 부서 혹은 어떤 직급인가?'와 같은 정보는 누구나 알고 싶어 할 것입니다. 그리고 '그런 부서나 직급에서 가진 생각은 무엇일까?', '특정 부서 혹은 직급에 눈에 띄는 경향이 있는가?'와 같은 고민을 할 수 있으므로 새로운 시사점을 얻기 쉽습니다.

색

일반적으로 추천자는 초록색, 비판자는 빨간색으로 표현하는 경우가 많지만, 초록색과 빨간색은 색각 이상을 가진 사람들이 구별하기 어렵다고 알려져 있으므로 여기에서는 컬러 유니버설 디자인을 배려한 색 팔레트를 이용했습니다.

데이터 취득 '시점'을 자세히 기재

이 대시보드와 같이 퇴직률, 평균 근속 연수, 채용 비용 등 여러 항목을 다루는 경우에는 어떤 시점의 데이터인지를 자세히 기재하는 것이 중요합니다. 특히 이런 데이터를 여러 데이터 소스로부터 얻어 통합한 대시보드에서는 데이터를 얻는 타이밍이 어긋나는 경우가 대부분이기 때문에 어떤 시점의 데이터인가가 논의의 사전 정보가 됩니다.

■ 데이터 취득 시점 표시

개별 지표에 앞서 요약을 통해 파악

개별 지표에 앞서 현재 상황을 알 수 있게 숫자를 크게 표기해 즉시 파악할 수 있게 했습니다. 이들은 매우 중요한 숫자이기 때문입니다. 이 역시 앞에서 설명한 BANs에 따른 것입니다.

■ 눈에 잘 띄어야 하는 부분

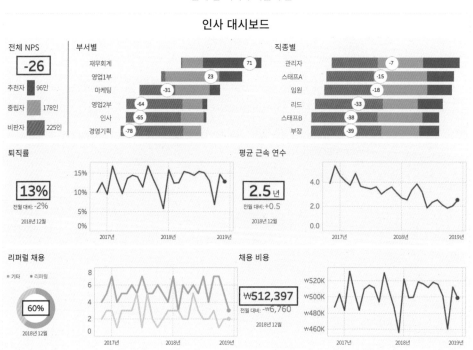

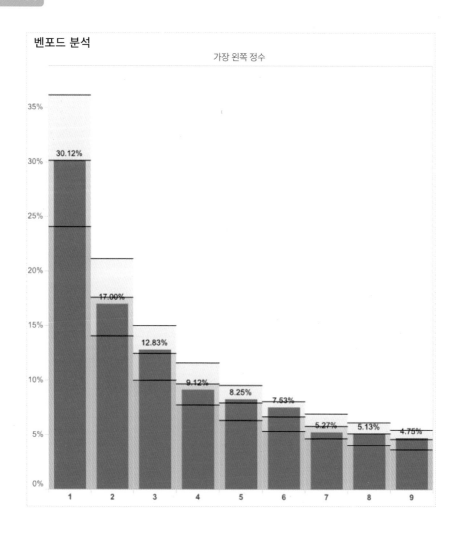

배경

예를 들어 올해 구매한 물건들의 가격을 늘어놓아 봅니다.

1980, 280, 1500, 1450, 120, 50, 138, ...

그러면 앞자리에는 1이 많고 '9'는 적은 것을 알 수 있습니다. 이를 벤포드의 법칙(Benford's Law)이라고 합니다.

좀 더 정확하게 말하면 첫 번째 자리의 숫자 비율은 다음과 같습니다.

■ 첫 번째 자리의 숫자의 비율

숫자	비율	숫자	비율
1	30.1%	6	6.7%
2	17.6%	7	5.8%
3	12.5%	8	5.1%
4	9.7%	9	4.6%
5	7.9%		

그 이유는 인터넷에서 검색해 보면 바로 알 수 있으므로 이 책에서는 설명하지 않습니다.

실제로 이 법칙은 진실성의 검증이 필요한 내부 감사 등의 영역에서 거짓 데이터나 거짓 거래를 검출할 수 있는 방법의 하나로 사용됩니다. 예를 들어 첫 자리의 숫자가 '1'인 것이 10%, '6'인 것이 12%라면 이것은 분명히 부자연스럽습니다. 거짓 거래를 하는 사람이 벤포드의 법칙을 모른 채 숫자를 조작했거나 속였을 가능성이 있습니다. 여기에서는 부정 검출을 쉽게 하기 위한 시각화를 고려해볼 수 있습니다.

또한 벤포드의 법칙을 수학적으로 설명하기 위해서는 대수(log)를 사용해야 하기 때문에 필자도 그 계산을 해본 적이 없으므로 이 책에서는 데이터 시각화의 디자인에 초점을 맞추기 위해 계산에 관한 자세한 설명은 생략합니다.

오디언스

내부 감사 관련 담당자 및 감사 관련 컨설팅을 수행하는 사람

목적

분식 결산(분식 회계) 혹은 부정을 찾아내는 방법의 하나입니다.

이용 방법

- 내부 감사

- 지불 계정 데이터, 고객 환불 데이터, 중복 지불, 수취 내역 등의 검증

- 부정 식별을 위한 지속적인 모니터링

사고 과정

레퍼런스 밴드와 레퍼런스 라인을 통한 이해 촉진

데이터 안의 숫자가 벤포드 법칙을 따르는지 확인하는 것을 벤포드 분석이라고 부릅니다. 이 대시보드는 벤포드 분석 결과를 표시하기 위한 것으로 이때는 레퍼런스 밴드(reference band), 레퍼런스 라인(reference line)을 추가해 각 숫자가 벤포드 법칙에 얼마나 가까운지 한눈에 이해할 수 있습니다. 레퍼런스 밴드 및 레퍼런스 라인은 다음과 같은 그림을 의미하며, 연속적인 축 위의 특정한 값 혹은 범위를 식별하기 위해 사용합니다.

이번 레퍼런스 밴드는 80%, 100%, 120%로 설정하고 레퍼런스 라인도 덧붙여 100%에서 얼마나 이탈했는지 눈으로 보고 이해할 수 있게 했습니다.

즉, 데이터의 막대그래프를 통해 앞자리가 2인 데이터가 17% 들어 있음을 이해할 수 있으며, 이를 벤포드 법칙에 비추어 얼마나 일치하는지도 알 수 있습니다.

선과 배경색을 넣어주는 것만으로 간단하게 확인하게 할 수 있습니다. 이 선과 색의 시각 속성을 이용한 시각화는 단순하면서도 매우 강력한 시각적 효과를 만들어내 인지 부하를 낮춰줍니다.

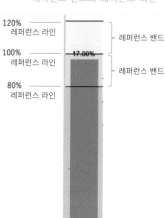

■ 레퍼런스 밴드와 레퍼런스 라인

색 선택

레퍼런스 밴드의 색에 관해 설명합니다. 레퍼런스 밴드는 어디까지나 이해를 돕기 위한 보조
수단이므로 너무 강한 느낌이 들지 않게 그레이스케일 색을 선택합니다.

가는 선으로 이해를 촉진

레퍼런스 라인의 선은 가늘게 덧붙인 정도로 합니다. 선이 굵으면 막대그래프 부분에 가려 보
이지 않을 가능성이 있으며, 세부적인 사항을 알고 싶을 때 필요한 세세함을 잃게 됩니다.

다른 유형의 차트 사용 가능성

전체 분포 경향을 볼 때는 막대그래프를 이용하는 것이 좋습니다. 하지만 각각의 맨 왼쪽 자릿
수의 출현 비율이 벤포드 법칙에 얼마나 들어맞는가 하는 부분에만 초점을 맞춘다면, 점을 이
용하는 것도 한 가지 방법입니다. 점은 어느 위치부터 어느 정도 떨어진 위치에 있는지를 표시
할 때 적합합니다.

예를 들어 다음 그림에서 가장 왼쪽 자릿수가 3, 4, 7인 데이터는 벤포드 법칙에서 상당히 떨
어져 있음을 이해할 수 있습니다.

■ 점 이용 예시

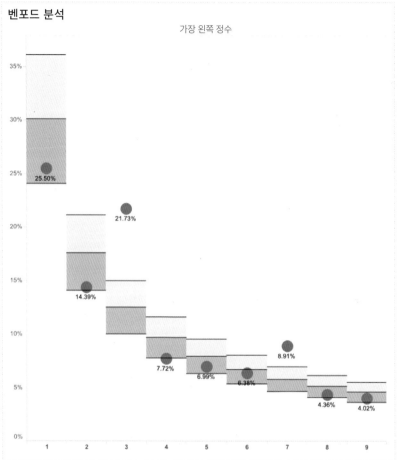

앞의 그림으로도 충분히 이해할 수 있지만, 주의를 한층 더 높이고 싶다면 아웃라이어에 다른
색을 적용하는 것도 효과적입니다.

■ 아웃라이어에 다른 색 적용

벤포드 분석

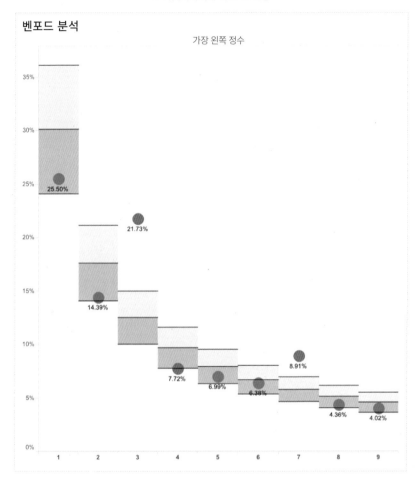

가장 왼쪽 정수

4-7 비용 분석

예제 06

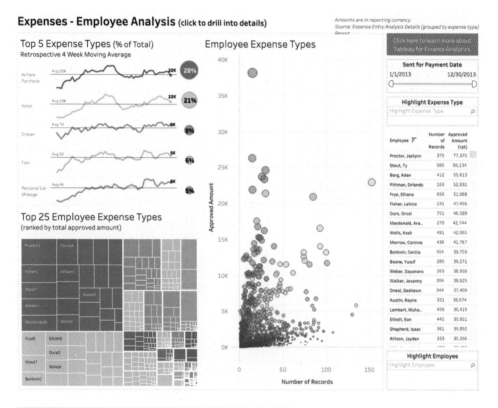

'Employee Expense Analysis' / Tableau for finance에서 인용

URL https://public.tableau.com/profile/tableau.for.finance#!/vizhome/EmployeeExpenseAnalysis/
EmployeeExpenseAnalysis

배경

SAP Concur, MoneyForward 등 클라우드형 비용 정산 시스템 도입 기업이 늘어나고 있습니다. 물론 이런 클라우드형 비용 시스템에 시각화를 위한 기능이 탑재되어 있을 때도 있지만, 볼 수 있는 지표나 그 보는 방법이 한정적인 부분도 있기 때문에 그리 많이 사용되지 않습니다.

많은 기업에서는 이들 데이터를 사용해 분석을 하거나, 조직 안의 다른 데이터를 조합해 더욱 깊이 파악하고 싶어 합니다.

특히 해외에 많은 지점을 가진 제조업, 금융 기관 등 해외 비용을 모니터링하고자 하는 상황에서는 이제 데이터만 있으면 해외 비용 분석도 가능하기 때문에, 해외에서의 비용 사용 확인이나 모니터링 또한 매우 손쉬워졌습니다.

비용 모니터링이란 부정 사용 확인이나 경비 절감과 같은 부분에 주목하기 쉽지만, 원래 '회사 경비가 가상 적합하게 사용되고 있는가?'라는 관점에서도 중요합니다. 꼭 사용해야 할 곳에 잘 사용되지 않고 있다면, 그것은 조직 전략과는 다른 것이 되기 때문입니다.

여기에서는 여비, 교통비 및 유흥비(교제비) 등 분석 소재로 자주 꼽히는 비용 항목을 사용한 비용 분석 대시보드를 소개합니다.

오디언스

- 비용 사용 전략 계획 수립과 관련된 사람
- 비용 모니터링을 수행하는 사람

목적

조직에서의 비용 최적화 및 부정 확인이나 비용 관리에 사용합니다.

이용 방법

기업 경비를 다루는 부서에서 클라우드형 비용 정산 시스템으로부터 추출된 데이터를 이용해 분석을 수행합니다. 비용 개요를 파악하면서 다양한 직원들의 일정 기간 동안의 비용 사용 용도나 승인 금액을 이해하고, 클라우드형 비용 정산 시스템에서 얻은 데이터를 효과적으로 관리할 수 있게 합니다.

임의의 날짜 선택 기능

대시보드를 보는 사람에 따라 어떤 시간 축 기간에서 데이터를 보고 싶은지 다를 것입니다. 이 대시보드에서는 날짜를 유연하게 선택할 수 있는 기능을 제공합니다.

특히 비용의 경우 날짜나 그 기간을 클릭하기 쉽기 때문입니다.

■ 지급 날짜를 움직일 수 있게 설계

색

대시보드 안에서는 비용 항목에 대해 같은 색을 사용함으로써 인지 부하를 낮췄습니다. 이 대시보드에서는 항공권(Airfare Purchase)이나 숙박비(Hotel), 저녁 식사비(Dinner) 등 해당 비용에 따라 일관적으로 같은 색을 이용했습니다.

이처럼 한 대시보드 안에서 같은 색을 일관적으로 이용하면 오디언스에게 혼란을 주지 않을 수 있습니다.

■ 같은 비용 항목에는 같은 색 이용

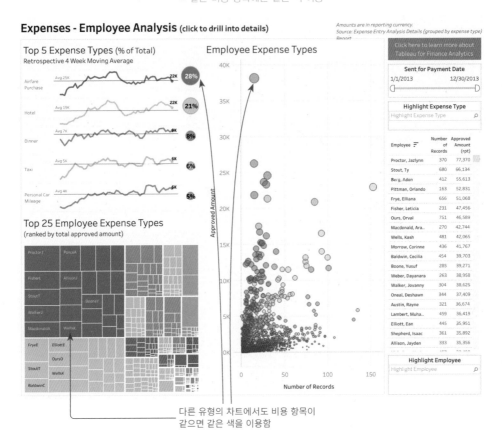

Expenses - Employee Analysis (click to drill into details)

Amounts are in reporting currency.
Source: Expense Entry Analysis Details (grouped by expense type)
Report.

Top 5 Expense Types (% of Total)
Retrospective 4 Week Moving Average

Employee Expense Types

Click here to learn more about
Tableau for Finance Analytics

Sent for Payment Date
1/1/2013   12/30/2013

Highlight Expense Type
Highlight Expense Type

Employee	Number of Records	Approved Amount (rpt)
Proctor, Jazlynn	370	77,370
Stout, Ty	680	66,134
Berg, Adon	412	55,613
Pittman, Orlando	163	52,831
Frye, Elliana	656	51,068
Fisher, Leticia	231	47,456
Ours, Orval	751	46,589
Macdonald, Ara..	270	42,744
Wells, Kash	481	42,065
Morrow, Corinne	436	41,767
Baldwin, Cecilia	454	39,703
Boone, Yusuf	285	39,271
Weber, Dayanara	263	38,958
Walker, Jovanny	304	38,625
Oneal, Deshawn	344	37,409
Austin, Rayne	321	36,674
Lambert, Muha..	459	36,419
Elliott, Ean	445	35,951
Shepherd, Isaac	361	35,892
Allison, Jayden	333	35,356

Top 25 Employee Expense Types
(ranked by total approved amount)

Highlight Employee
Highlight Employee

다른 유형의 차트에서도 비용 항목이
같으면 같은 색을 이용함

동적인 정보를 사용한 검색 기능

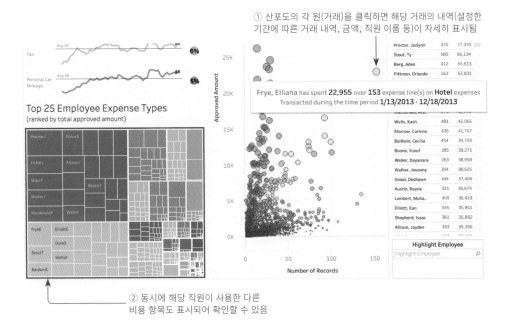

① 산포도의 각 원(거래)을 클릭하면 해당 거래의 내역(설정한
기간에 따른 거래 내역, 금액, 직원 이름 등)이 자세히 표시됨

② 동시에 해당 직원이 사용한 다른
비용 항목도 표시되어 확인할 수 있음

트리맵은 선택한 비용 항목 안에서 사용한 금액이 많은 직원을 표시합니다. 일단 산포도에서
클릭한 거래로부터 해당 직원이 다른 어떤 비용을 사용했는지 곧바로 확인할 수 있습니다.

단면의 다양성

이 대시보드는 '비용'이라는 하나의 과제에 대해 다양한 단면에서 탐색할 수 있게 설계되어 있
습니다. 비용 분석 과정에서 조직 내 비용 항목의 추이를 보고 확인하고 싶거나 개별 직원의 비
용 지출 내역을 보고 싶을 때도 있을 것입니다. 또는 조직별로 예산 항목 기준으로 비용을 얼마
나 사용하는지와 그에 관한 비용 전략 최적화를 위한 실마리를 찾는 경우도 있을 것입니다. 이
대시보드는 다양한 단면에 대한 분석 시작점을 제공합니다.

특히 이번 주제인 '비용'은 다양한 관점이나 측면에서 확인하고 싶을 때가 많습니다. 그럴 때 사
용할 수 있게 동적으로 이들을 구현하는 것이 데이터 시각화의 힘이라고 할 수 있습니다.

■ 이 대시보드에 표시할 수 있는 기타 정보

비용 항목별 추이와 그 비율

직원 이름으로 검색 가능

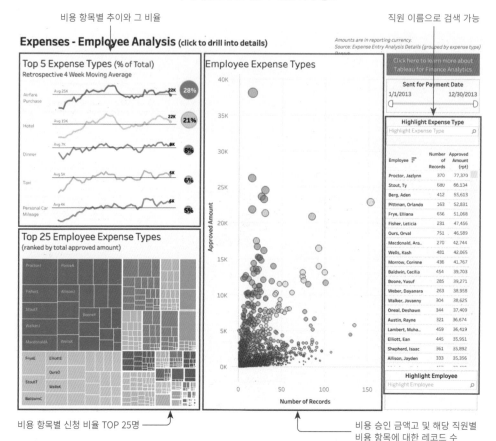

비용 항목별 신청 비율 TOP 25명

비용 승인 금액고 및 해당 직원별
비용 항목에 대한 레코드 수

모바일 기기에서의 YTD/YoY 이해

예제 07

배경

이전에는 PC를 프로젝트에 연결해서 KPI 등을 표시했지만, 이제는 사내 회의에서도 모바일 기기를 사용하는 기업이 늘어나고 있습니다. 또한 회사 외부를 이동하는 바쁜 비즈니스 담당자 중에는 모바일 기기로 데이터 분석 결과를 보고 싶어 하는 사람들도 많습니다.

이번 예시는 컨설팅 사업을 수행하는 필자의 회사를 가정해 모바일 기기 기반으로 디자인했습니다. 화면의 데이터는 샘플입니다.

오디언스

경영자, 임원 등 조직의 의사결정을 위해 매일 중요 지표를 파악해야 하는 사람

목적

주요한 매출 지표를 보며 이해하고, 프로젝트 진행이나 미래의 움직임 및 인적 자원 할당과 같은 의사결정에 도움이 됩니다.

이용 방법

택시나 전철에서 이동하는 등 PC를 사용할 수 없는 환경에서 스마트폰이나 태블릿을 사용해 확인합니다.

설정한 요구 사양

- 중요 지표를 한눈에 이해할 수 있게 한다.

- 시간축을 변경할 수 있게 하고, 그에 맞춰 중요 지표도 변화하게 한다.

- 지금까지의 누적 매출과 전년 비교 내용을 함께 표시한다.

사고 과정

모바일 디자인은 표현할 수 있는 공간이 좁고 데스크톱보다 제한적이기 때문에 레이아웃을 설계할 때 데스크톱에서보다 세심하게 배려해야 합니다. 또한 모바일용 대시보드는 데스크톱을 전제로 하는 것과 분석 니즈가 다른 경우가 많으므로 삽입할 정보의 선택에도 한층 신중해야 합니다.

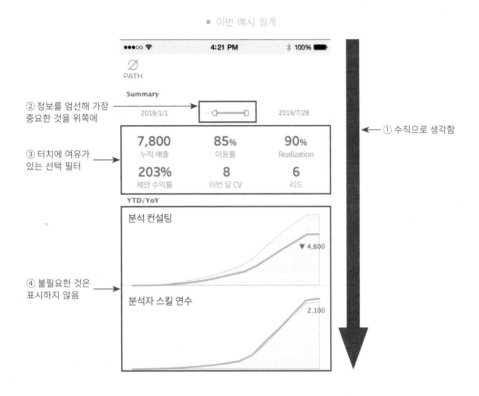

■ 이번 예시 설계

② 정보를 엄선해 가장 중요한 것을 위쪽에

③ 터치에 여유가 있는 선택 필터

④ 불필요한 것은 표시하지 않음

① 수직으로 생각함

① 수직으로 생각함

모바일 기기는 일반적으로 세로 방향으로 길이가 깁니다. 그렇기 때문에 위아래로 스크롤을 하는 등 기본적으로 화면은 세로 방향으로 움직입니다. 따라서 정보 배치 방법도 자연히 세로 방향의 흐름을 갖는 형태로 만드는 것을 전제로 합니다. 오디언스는 위에서 아래로 정보를 보며 이해함을 전제로 하여 정보나 레이아웃을 설계합니다.

② 가장 중요한 것을 위쪽에

모바일 기기의 공간은 데스크톱의 그것보다 제한되어 있어 중요한 것을 위쪽에 배치해서 먼저 표시하는 것이 중요합니다. 극단적으로 말하면 어떤 주제에 대해 '이것만 보면 어떻게든 된다'는 것을 가장 위에 배치합니다. 여기에서 주의할 것은 모든 정보가 중요하게 보여 가장 위쪽 공간을 세세하게 구분해서 많은 정보를 배치해 버리는 것입니다. 세세하게 구분해 설계하는 것은 정보를 보고 이해하고 시사점을 얻는 것을 목적으로 하는 비즈니스 상황에서는 추천하지 않습니다.

③ 터치에 여유가 있는 선택 필터

잊어버리기 쉽지만, 중요한 점이 있습니다. 일반적으로 대시보드는 데스크톱용으로 주로 만들며, 데스크톱 UI는 마우스로 조작하기 때문에 손가락으로 UI를 조작할 때의 사용성은 간과합니다. 하지만 실제 모바일 기기에서 조작할 때 사용하기가 힘들면 그 대시보드는 곧바로 사용하지 않게 되므로 주의해야 합니다. 모바일 기기에서 대시보드를 만들 때는 각 오브젝트를 확실하게 터치할 수 있게 테스트를 통해서 검증과 확인을 해야 합니다.

다음은 손가락으로 터치하는 부분의 크기에 관한 권장 사항입니다.

■ 손가락으로 터치하는 부분의 크기

최소한의 크기: 18px(6mm)
권장: 45px(15mm)

모바일 기기상에서 필터가 반응하는 공간이 좁거나 필터 수가 너무 많아 보기 힘들면 사용자가 즉시 이탈하므로 주의해야 합니다.

④ 불필요한 것은 표시하지 않음

축과 같이 삭제할 수 있는 것은 모두 삭제합니다.

■ 축은 깔끔하게 정리

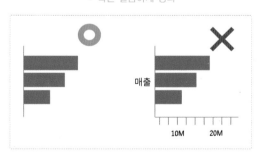

매출

10M   20M

모바일 기기에서의 팁

다음으로 모바일 기기에서 사용하는 대시보드를 설계할 때 해야 할 것과 해서는 안 될 것을 정리했습니다.

해야 할 것은 다음과 같습니다.

- 메뉴, 내비게이션 등을 단순하게 한다.
- 정보의 초점을 맞추는 포인트를 명확하게 한다.
- 스와이프, 탭을 사용해 터치하는 것을 고려해 디자인한다.
- 실제 기기에서 확실하게 테스트한다.
- 여백을 확보한다.
- 제목은 가능한 한 짧게 한다.
- 지도의 줌 기능은 끈다.

해서는 안 될 것은 다음과 같습니다.

- 여러 시각 속성을 동시에 사용한다.
- 교차 집계
- 클릭이나 마우스 오버 조작을 복잡하게 한다.
- 여백을 사용하지 않는다.
- 터치할 영역의 여백이 없이 좁은 상태로 만든다.
- 스크롤을 너무 길게 만든다.

또한 다음과 같은 점도 중요한 포인트입니다.

극단적으로 많은 데이터 포인트를 다루는 차트는 피한다

렌더링 부하로 인해 성능이 떨어질 수 있습니다. 그렇기 때문에 특히 모바일 기기에서 설계할 때는 사전에 성능 관점을 포함해 테스트하는 것이 중요합니다.

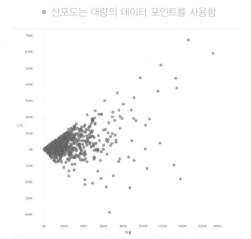

■ 산포도는 대량의 데이터 포인트를 사용함

모바일 기기에서는 라벨 표현을 가급적 줄인다

모바일에서 라벨이나 텍스트는 가급적 줄여야 합니다. 하지만 필요에 따라 텍스트를 꼭 사용해야 할 때는 다음에 주의합니다.

- 폰트는 12pt 이상으로 하여 가독성을 높인다.

- 라벨은 가능한 한 줄인다.

- 설명은 1줄에서 2줄 정도로 한다.

■ 모바일 기기에서는 다음과 같은 라벨 표현은 줄인다

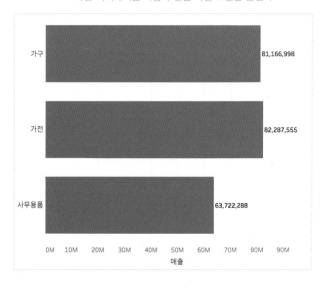

5 장

조직에 뿌리를 내리기 위해

마지막 장에는 지금까지 익힌 지식을 모두 활용할 수 있는 한층 향상된 수준의 팁과 트릭을 모았습니다. 상급자도 잊어버리기 쉬운 포인트를 설명하므로 이번 장에서 한 번 더 학습하기 바랍니다. 데이터 시각화 자체의 기술뿐만 아니라, 몸에 익힌 기술에 한층 레버리지를 더하는 방법을 소개합니다.

여러분의 노력만으로는 대시보드가 조직에 뿌리내리게 하기 어렵습니다. 오디언스의 필요가 드러나야 비로소 진정 조직에 필요한 대시보드를 구현할 수 있기 때문입니다. 사람들에게 오랫동안 활용되는 대시보드를 구현하는 것도 어렵지만, 실제 조직에서 데이터 활용을 실천하는 것 또한 매우 어렵고 며칠 사이에 되는 일도 아닙니다. 이번 장에서는 데이터 시각화에서 조금 떨어져 데이터를 활용함에 있어 중요한 3가지 요소에 관해서도 설명합니다.

5-1 오디언스를 의식하라

지금까지 '오디언스'라는 말을 매우 많이 사용했습니다. 여기에서 '오디언스'라는 용어를 다시 한번 확인해 봅니다. 오디언스(audience)란 최종적으로 여러분의 대시보드를 '사용하는 사람' 또는 '보는 사람'을 의미합니다.

오디언스가 누구인지에 따라 대시보드는 물론 평가도 달라지는 것이 당연하다고 머리로는 이해하지만, 데이터 분석에 빠져들면 그 사실을 잊어버리기 십상입니다.

여러분이 만든 분석이나 대시보드를 보는 사람은 누구입니까? 그리고 그들을 의식해 데이터 시각화를 한다는 것은 어떤 의미입니까?

예를 들어, 주요 지표를 결정할 때의 오디언스 분류에 대해서는 대략 다음과 같이 생각하면 이해하기 쉽습니다.

상위 레벨

대상자: 회사의 사장, 또는 회사 외부 사람

보고 싶은 것: 그 지표가 좋은가, 나쁜가? 예정대로인가?

중간 레벨

대상자: 관리자

보고 싶은 것: 어떤 팀이 그 지표에 기여하는가? 이후 어디에 주력해야 하는가?

현장 레벨(하위 레벨)

대상자: 실무자

보고 싶은 것: 구체적인 개별 업무나 프로젝트의 진척 상황

아마도 대략 이런 형태일 것입니다. 이 레벨을 기반으로 구체적인 부서에서의 예시를 들어 봅니다.

■ 예시 1. 개발팀에서 애러에 관해 조사하는 경우

상위 레벨	대상자	개발부장
	보고 싶은 것	에러 수가 당초 예상보다 적게 유지되는가?
중간 레벨	대상자	관리자
	보고 싶은 것	관리하는 팀의 에러율은 어느 정도인가?
현장 레벨	대상자	엔지니어
	보고 싶은 것	에러에 관한 로그 정보나 기타 관련 상세 정보

■ 예시 2. 영업부에서 실적을 확인하는 경우

상위 레벨	대상자	영업부장, 외부인
	보고 싶은 것	매출 예산에 도달했는가?
중간 레벨	대상자	관리자
	보고 싶은 것	어떻게 예산을 초과했는가?
현장 레벨	대상자	영업 담당자
	보고 싶은 것	고객 정보, 주문 이력, 고객 상당 이력 차트

앞의 예시와 같이 조직 안에서의 입장에 따라 그 역할이 다르므로 보고자 하는 대상 또한 달라집니다.

각 레벨에 대한 디자인 고려 포인트(예시)

다음으로 여기에서 제시한 각 레벨에 대한 디자인 고려 포인트 예시를 소개합니다. 현장 레벨(하위 레벨)은 상황에 따라 상이한 폭이 크므로 여기에서는 상위 레벨 시점과 중간 레벨 시점에서의 예시를 소개합니다

상위 레벨 시점: 결과적으로 '순조로운가, 아닌가'

- 이메일 혹은 프로젝터를 사용해 보는 일이 많을 것이다.

- 문자를 크게 해서 읽을 수 있는 텍스트로 구성한다(콘퍼런스 룸의 뒷자리에서 보는 사람도 문제없이 읽을 수 있는가?).

- 중요한 차트를 몇 개만 사용해 간단하게 설계한다.

- 모바일에서의 뷰도 철저하게 최적화한다.

중간 레벨 시점: 팀이 잘 운영되고 있는가, 아닌가

- 랩톱이나 데스크톱에서 볼 때가 많다.

- 현시점의 상황에서 진척, 개선하기 위해 어떤 정보가 필요한가?

오디언스의 실문이 무엇인지에 따라 만들어야 할 대시보드가 달라집니다. 그렇기 때문에 오디언스가 원하는 것, 진정한 질문이 무엇인지 생각해야 합니다. 이것저것 모든 것을 넣어 모든 사람을 만족시키려고 하면 그 즉시 아무도 보지 않는 상태가 될 것입니다. 혹시 여러분이 혼신의 힘을 다해 만든 대시보드 혹은 흥미로운 시사점이 있는 대시보드를 주변 사람들에게 전달했을 때 전혀 주목받지 못한 경험이 있지는 않습니까?

모든 사람에게 맞는 대시보드는 없습니다. 오디언스가 달라지거나 목적이 달라지면 대시보드 역시 달라져야 합니다.

바쁘기 그지없는 임원들을 위한 것이라면 그 정보를 몇 분 만에 파악하게 해야 할까요? 모바일에서 자주 확인하는 정보입니까? 회의실에서 보는 것입니까? 현장의 실무자가 보는 것입니까?

이런 요소를 상상해서 어떤 정보를 포함해야 하는지 고려해 오디언스에게 필요한 것에 정확하게 맞는 대시보드를 만듭시다.

다음 그림은 정보의 단위와 직위를 매핑한 이미지입니다. 반드시 오디언스에 맞는 정보 단위를 생각하기 바랍니다.

■ 정보 단위와 오디언스 레벨의 관계

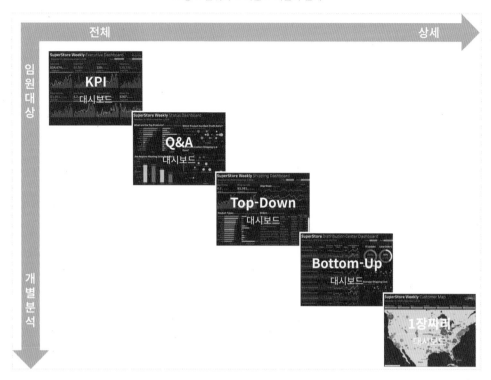

Adam E McCann 작품 인용 / 필자 재구성

URL https://public.tableau.com/profile/adam.e.mccann#!/vizhome/5TypesofDashboards/4BottomUpDashboard

많은 대시보드가 임원, 애널리스트, 관리자, 현장 스태프를 위한 정보를 모두 하나의 대시보드에 모아두기 때문에 이해하기 어려울 때가 많습니다. 이를 각각 분해하면 더욱 알기 쉽게 볼 수 있습니다.

통일성

사용자가 받은 스트레스를 가능한 한 줄이고 분석에 초점을 맞춘 대시보드를 구현하는 데는 통일성이 큰 역할을 합니다. 조직 안에서의 통일성을 만들어 내는 관점으로는 다음 2가지가 중요합니다.

일관성(Consistency)

로고 사용, 폰트, 색 등에서 일관성을 부여하는 것을 권장합니다. 로고 마크도 유형에 따라 다양하게 사용하는 기업이 많을 것입니다. 하지만 조직에서 뿌리를 내리게 하기 위해 사용하는 대시보드에서는 의도적으로라도 같은 것을 사용해 일관성을 강조함으로써 전체적으로 깔끔한 인상을 줄 수 있습니다.

폰트

폰트의 통일성에도 주의를 기울여서 너무 많은 폰트를 사용하지 않도록 합니다.

많은 기업에서 기업 색상과 마찬가지로 파워포인트에서 사용하는 폰트도 정의하고 있습니다. 데이터 시각화를 통해 대시보드를 만들 때는 사용할 폰트를 결정해 두는 것이 좋습니다. 고정된 폰트를 사용하면 조직의 대시보드로서 통일성을 갖출 수 있음은 물론 세련된 인상을 쉽게 전달할 수 있습니다.

색

조직이나 부서에서 고정적으로 사용하는 '컬러 템플릿'을 만들어 둘 것을 권장합니다.

조직에서 사용하는 컬러 팔레트를 만든다는 것은 다시 말해 조직 안에서 전개하는 대시보드에서 '사용하는 색'을 결정한다는 것입니다. 이렇게 하면 대시보드 수가 많아져도 통일감을 줄 수 있고, 복잡한 디자인 기법을 고려하지 않아도 깔끔하게 보일 수 있습니다.

템플릿

제목이나 시트 등 세세한 포맷을 만들어 두는 것이 중요합니다. 파워포인트 템플릿과 마찬가지입니다. 새롭게 입사한 사람, 즉 이제까지 만들어 본 경험이 없는 사람이라도 어려움 없이 아름답게 만들 수 있는 재현성(repeatability)을 보장하기 위해서입니다.

■ 템플릿 예시

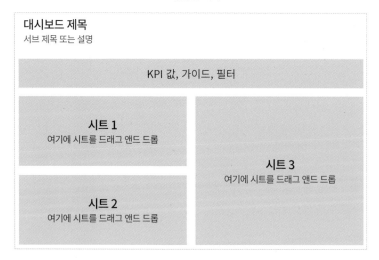

또한 각 기업의 비즈니스 모델에 맞는 템플릿을 준비해 두면 새로운 요청을 받았을 때도 손쉽게 전개할 수 있습니다.

5-2 피드백의 가치와 중요성

피드백이란 여러분의 업무, 다루는 제품, 창작물에 대해 다른 사람으로부터 의견이나 리뷰를 받는 것입니다. 일차적으로는 그 대상의 개선을 목표로 합니다.

데이터 시각화라는 컨텍스트에서의 피드백이란 여러분이 만든 데이터 시각화가 데이터를 잘 사용하고 있는가, 오디언스에게 주제를 쉽게 전달했는가, 어떻게 하면 더 좋아지겠는가 등에 초점을 맞춘 것입니다.

지금까지 이 책에서는 데이터 시각화의 개념이나 기초 기술, 예제 설명 등 소위 입력에 해당하는 것을 이야기했습니다. 하지만 이런 입력을 기반으로 진정한 스킬을 향상하기 위해서는 높은 품질의 피드백이 필요합니다.

높은 품질의 피드백을 안정적으로 받을 수 있는 환경을 만들기란 매우 어렵습니다. 이 절에서는 여러분이 주위 동료들과 협업을 통해 조금이라도 데이터 시각화 기술을 갈고 닦을 수 있게 피드백을 줄 때와 받을 때 힌트가 되는 포인트를 모으고자 했습니다. 꼭 참고하기 바랍니다.

지식을 활용한다는 것

많은 사람이 입력(인풋)을 늘려서 결과물(아웃풋)을 많이 만들어 내면 스킬이 향상된다고 생각합니다. 하지만 그것만으로는 몸에 제대로 익혀지지 않을 뿐만 아니라 실제로 효율적이지도 않습니다. 이 책을 통해 얻은 입력을 이용해 만든 결과물에 대한 피드백을 받아서 한층 개선해 나가는 프로세스가 실제로 여러분의 수준을 높여줄 것입니다.

예를 들어 이 책 ≪데이터 시각화 디자인≫ 본문에서 소개한 예시 작품을 그대로 가져다 사용하고 싶은 사람도 있을 것입니다. 필자가 하는 강좌에서도 필자가 소개한 대시보드 구조 중에서 레이아웃만 그대로 자신에게 맞는지 판단한 뒤 '안 돼, 사용할 수 없어.'라고 생각하는 사람도 있습니다.

이런 사람은 그저 표면적인 흉내를 내는 것뿐으로, 아무리 많은 책이나 강좌를 들어도 그 입력을 사용하지 못합니다.

하지만 이런 식으로는 데이터 시각화 스킬이 향상되지 않습니다. 그 이유는 무엇일까요?

데이터 시각화 지식이나 기술은 구체적인 상황에 맞춰 구체적인 대상을 만들기 시작하면서 비로소 가치 있는 것이 만들어집니다. 그 영역에 있는 사람이 아니면 생각할 수 없는 분석 관점이나 언어를 사용한 작품이야말로 실질적이고 가치 있는 것입니다. 이 책이나 다른 책에 나온 내용을 종합하거나 레이아웃을 흉내 내는 것만으로는 아무것도 바뀌지 않습니다.

4장에서 대시보드의 구체적인 예시를 들어 설명했지만, 그 예시를 그대로 형태만 흉내 내거나 무작정 적용하는 것이 아니라 상황과 경험에 맞춰 사용하는 것이 중요합니다.

■ 지식 활용

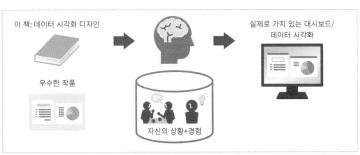

피드백의 필요성

지식을 활용한다, 자신의 상황에 맞춰 적용한다고 해도 구체적으로 어떻게 해야 할지 알 수 없을 것입니다. 이를 위해 피드백이 필요합니다.

여러분은 이 책에서 많은 지식을 얻었을 것입니다. 그러나 잘못 이해하거나 충분히 잘 사용할 수 있을 만큼 경험이나 이해가 충분하지 않을 수 있습니다. 예시로 소개한 대시보드를 만들었던 필자도 그랬습니다. 이런 상황에서는 자신이 잘못한 것을 이해하고 사용하는 방법에 대한 사실을 일깨워주는 '환경'이 매우 중요합니다.

사람은 잘못 이해하거나, 충분히 이해하지 못해도 스스로 좀처럼 깨닫지 못하고 독선적이 될 때가 많습니다. 경험이 많은 사람이라도 마찬가지입니다. 필자는 언제나 대시보드를 마무리할 때 다른 입장에 있는 여러 사람에게서 가능한 한 많은 피드백을 받으려고 노력합니다. '이 정도면 만족스럽다!'고 스스로 생각할 때가 가장 위험한 때입니다.

또한 피드백은 그저 받아들이는 것이 아니라 스스로 취사선택하는 것도 중요합니다.

다음은 필자가 피드백을 받는 방법의 예시입니다.

- 트위터(Twitter)와 같은 SNS에서 작품을 보내 국내/해외의 톱 사용자들로부터 피드백을 받는다.
- 데이터를 다루는 커뮤니티 안에서 폐쇄적으로 몇몇 사람에게 구체적인 피드백을 받는다.

여러분이 만든 작품에 대한 스스로의 질문과 함께 더 좋은 것을 만들기 위해서는 높은 품질의 피드백이 필요합니다. 하지만 앞에서 설명한 방법이 어려울 수도 있습니다. 다음 절에서는 사내에서 높은 품질의 피드백을 주고받을 때의 몇 가지 힌트를 소개합니다.

피드백은 구체적으로 한다

누군가의 작품에 피드백을 줄 때 '전반적으로 좋지 않다'처럼 말한다면 어떨까요? 아마도 다시는 여러분에게 피드백을 요청하지 않을 것입니다. 데이터 시각화에 관한 피드백을 할 때는 가능한 한 구체적인 포인트에 맞춰 구체적인 논점에서 대화하고, 상대방이 즉시 구체적인 행동을 할 수 있게 해야 한다는 점에 주의합니다.

이 책에서도 색 사용법에 관해서는 가능한 한 색 수를 억제하라고 설명했습니다. 누군가의 작품에 대해 색 사용이 잘못되었다고 생각했다면 '이 부분에서 색을 너무 많이 사용하다 보니 전달하고자 하는 메시지를 효과적으로 전달하기 어려운 것 같습니다. 단색을 사용하고 중요한 부분에 하이라이트를 하는 것은 어떨까요?'와 같이 피드백을 하는 것이 좋을 것입니다.

반대로 '이 부분에 이 이미지나 예시를 가져오는 것은 적합하지 않아요.'라는 말만 들으면 그저 불평으로 느낄 수 있습니다. 상대방이 즉시 구체적인 행동을 하는 것을 그리면서 피드백합니다. 추상적인 피드백은 다음 행동으로 이어지기가 매우 어렵지만, 구체적인 피드백은 상대방에게 유익할뿐더러 쉽게 개선하게 할 수 있습니다.

또한 구체적인 피드백을 위해서는 작품이 어느 정도 완성돼 있어야 합니다. 최대한 재작업하지 않기 위해 이것저것 모두 결정한 뒤 구체적인 작업을 시작하는 것을 선호하는 사람도 있지만, 어떤 상태도 갖추지 못한 '추상적인 상황'에 대해 높은 품질의 구체적인 피드백을 얻는 것은 불가능합니다. 적어도 70% 정도는 완성한 상태에서 피드백을 요청합니다.

덧붙여 좋은 부분을 명확하게 이야기하는 것도 피드백에서의 큰 힌트입니다. 왜냐하면 작품을 만든 사람들은 자신의 '강점'을 인식하지 못할 때가 많기 때문입니다. 강점을 인식할 수 있다면 그 부분을 최대한 살려서 효과적으로 작품을 수정할 수 있습니다.

피드백은 시의적절하게 한다

피드백은 몇 개월이 지난 뒤가 아니라 즉시 행동할 수 있게 시의적절하게 해야 합니다. 만약 여러분이 피드백을 요청받았다면 가능한 한 빠르게 답변하기 바랍니다. 피드백을 받은 입장에서는 가능한 빠르게 피드백을 받을 수 있게 노력해야 합니다. 물론 여기에서도 구체적인 행동으로 이어지는 피드백을 해야 한다는 점에 주의합니다.

피드백은 사람이 아닌 작품에 대한 것이어야 한다

피드백은 부탁을 받은 뒤에 하는 것이 좋습니다. 부탁받지 않은 상황에서 피드백을 하면 공격적으로 들리기 쉽고, 상대방은 왜 부탁하지도 않은 피드백을 보내는가 하는 의문을 가질 수도 있습니다.

피드백을 부탁받았다면 상대방(사람)에 대한 피드백이 아니라 작품에 대한 객관적인 피드백을 해야 합니다.

피드백 받을 때의 포인트

특히 일본에서는 적극적으로 피드백을 받으려고 하는 사람이 적은 것 같습니다. 작품에 대한 피드백을 개인에 대한 것으로 받아들이거나, 모처럼 열심히 했는데 부정적인 말을 들을지 모른다는 불안감이 원인일 수 있습니다.

피드백을 받는 데도 역량이 필요합니다.

피드백은 개인적인 비판으로 들리는 경우가 많습니다. 하지만 작품이 아니라 여러분 개인을 비판하는 사람이 있다면 그 사람은 무시해야 합니다. 반응할 필요가 없습니다. 여러분에게 필요한 것은 작품을 개선하는 데 도움이 되는 건설적인 피드백이기 때문입니다.

피드백 받을 때의 가장 중요한 스킬은 자신을 방어하려 하지 않고 '듣는 것'에서 시작하는 것입니다. 만약 여러분이 동의할 수 없는 피드백이나 제안을 받더라도, 피드백하기 위해 시간을 내준 것에 감사하고 그 비판을 자신의 작품에 반영할 수 없는지 다시 한번 생각해 보는 것이 중요합니다.

5-3 대시보드의 심오한 부분

데이터 시각화는 '시각화'라고 부를 정도이므로 눈에 보이는 부분에 관해서만 이야기하기 쉽습니다. 하지만 가장 중요한 것은 앞 절에서 설명한 것처럼 그 뒤에 있는 오디언스 중심의 사고와 질문 정의입니다. 왜냐하면 오디언스는 시각화 결과가 지루하거나 읽기 어렵다고 느끼는 순간 이탈하기 때문입니다. 이는 매우 단순하고도 당연한 것이지만, 데이터 시각화라는 꿈속에 빠져 있으면 잊기 쉬운 포인트입니다.

다음 그림은 대시보드에 나타나는 것과 그 내면에 잠재된 요소들을 개념적으로 표현한 것입니다. 필자는 데이터 시각화의 깊은 부분을 이런 빙산에 빗대어 설명할 수 있다고 생각합니다.

■ 대시보드에 나타난 것과 그 내면에 잠재된 부분

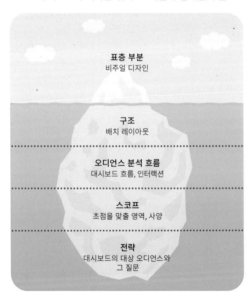

앞에서 설명한 '오디언스를 의식한다'는 것은 이 빙산의 가장 아래에 있는 '전략'의 한 요소입니다. 다음으로 앞 그림에 표시된 요소에 대해 하나씩 설명합니다.

표층 부분: 비주얼 디자인

표층 부분은 눈에 보이는 비주얼 디자인, 즉 '시각화'된 차트 부분을 의미합니다. 앞 장에서도
여러 차례 설명했던 '목적에 맞는 차트 선택'이 여기에 해당합니다.

'산포도를 사용할 것인가, 막대그래프를 사용할 것인가?', '배색은 어떻게 하는가?', '어떤 폰트
를 사용하는가?' 등의 질문이 여기에 해당합니다.

구조: 배치, 레이아웃

어디에 어떤 요소를 배치하고, 어떤 레이아웃을 사용할지 결정하는 부분입니다. 특히 프레임이
나 틀을 가리킵니다. 다음의 대시보드에서 선으로 표시한 골격 부분이 여기에 해당합니다. 이
후 이 대시보드를 사용해 설명을 이어갑니다.

■ 레이아웃 골격 예시

'Helpdesk Ticketing Dashboard' / Sanchit Katiyar 작

URL https://public.tableau.com/en-us/gallery/helpdesk-ticketing-dashboard?tab=featured&topic=capabili
ty-business-dashboards

오디언스 분석 흐름: 대시보드 흐름, 인터랙션

이 부분은 '구조'와도 다소 관련이 있습니다. 오디언스의 사고나 분석의 흐름에 따라 그 흐름에
잘 맞춰 대시보드의 기능이 구현되어 있는가 하는 점입니다.

일반적으로는 파라미터나 필터 등과 같은 선택 메뉴 또는 무언가를 클릭했을 때 동작하는 기
능, 정보 설계 등이 여기에 해당합니다. 내비게이션 디자인이라고도 부릅니다. 다음 그림은 클
릭했을 때 다른 정보가 표시되는 상태입니다. 이처럼 무언가를 선택했을 때 그 '선택'이 영향을
미치는 범위나 선택되는 방식 등을 다루는 부분이 여기에 해당합니다.

■ 사용자 조직에 마우스 커서를 올리면 해당 조직에서 발급한 티켓 숫자와 상태가 표시된다

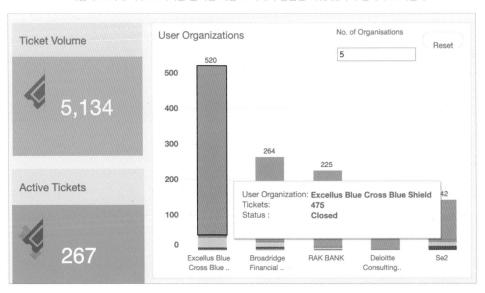

■ 상태 드롭다운 메뉴를 선택하면 해당 상태 관련 정보가 하이라이트된다

스코프: 초점을 맞출 영역 및 사양

무엇에 초점을 맞출 것인가, 오디언스의 어떤 필요를 만족시킬 것인가와 관련된 부분입니다. 바꿔 말하면 무엇에 초점이 맞지 않았는가 라고도 볼 수 있습니다. 이 대시보드에서는 '전체 티켓 및 티켓 진행 현황', '사용자 조직별 티켓 발급 현황', '월별 티켓 발급 현황', '자원 투입 현황', '티켓 처리 시간' 및 '상태별 티켓 현황'과 같은 각 영역이라고 할 수 있습니다.

전략: 대시보드의 대상 오디언스와 그 질문

가장 아래쪽에 있으며 기초가 되는 부분입니다. 오디언스는 누구인가? 어떤 문제를 해결하고 자 하는가? 오디언스가 정말로 고통스러워하는 점은 무엇인가?

이런 질문의 핵심이 되는 대시보드의 근원적인 목적이 이 전략 부분에 해당합니다.

또한 빙산의 윗부분 중 두 계층(즉, 표층 부분과 구조)은 다양한 서적에서 자주 강조하고 있으며 즉시 효과를 볼 수 있는 기법도 많습니다. 이 책에서도 역시 그와 관련된 내용을 많이 설명했습니다. 하지만 정말 중요한 것은 수면 아래 잠들어 있는 심층 부분입니다.

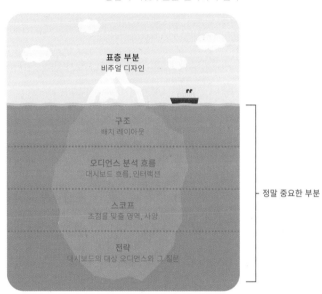

■ 빙산의 아랫부분은 간과하기 쉽다

앞 절에서도 설명했지만, 이 부분이 흔들리면 대시보드는 곧바로 쓸모없어집니다. 그렇기 때문에 조직에서 뿌리내리는 대시보드를 만들기 위해서는 질문 설정과 철저한 오디언스 설정이 중요합니다.

5-4 비즈니스의 성장과 함께 대시보드도 변화한다

조금 개인적인 이야기를 하겠습니다. 필자는 원래 잠이 얕은 데다가, 특히 잠드는 데 문제가 있어 약 3년 정도 몸이 좋지 않았습니다. 그래서 스마트폰에 설치할 수 있는 수면 애플리케이션을 구매했습니다.

이 애플리케이션을 사용해 수면의 깊이나 수면 시작 시간을 관리할 수 있었기 때문에 수면 시간을 확보해서 건강하게 되자는 동기가 생겼습니다.

수면 중에는 소리도 측정해 지표를 측정하기 때문에 직접 측정하기 힘든 수면의 깊이 등을 수치로 편리하게 기록할 수 있었습니다.

측정한 데이터를 검토한 결과 평일에 야근을 계속할 때는 신경이 날카로워져 잠들 때까지 시간이 걸림을 이해할 수 있었습니다. 그래서 평일에는 야근을 조절하거나 퇴근 후에는 곧바로 신경을 안정시킬 수 있게 편하게 시간을 보내는 등 나름의 '수면 전략'을 고려할 수 있게 되었습니다.

그렇습니다. 이 애플리케이션은 그저 필자의 수면 시간이나 수면의 질을 측정해주는 것이 아니라 필자의 행동까지 바꾸었고, 밤에는 스마트폰을 보지 않고 가능한 한 일찍 잠을 청하게 해주었습니다.

그렇게 하는 동안 필자는 몸 상태에 따라, 애플리케이션을 보지 않더라도 여러 가지를 알 수 있게 되어 더 이상 애플리케이션이 필요하지 않을 정도가 되었습니다. 어떤 의미로 그 애플리케이션이 필자의 수면 코치 역할을 해 준 것이었습니다.

하지만 스스로의 성장이나 변화와 함께 필자의 '질문'도 바뀌었습니다. 몸 상태가 달라지면서 수면 시간이나 깊이를 넘어 알고 싶은 것들이 생겨났습니다.

예를 들어 '온도, 습도, 기압 등 날씨가 수면에 얼마나 영향을 미치는가?', '수면 경향 데이터로부터 감기에 걸리기 쉽다는 것 등을 알 수는 없을까?', '양질의 수면을 했을 때의 조건은 어떤 것인가?'와 같은 것이었습니다.

일반적인 애플리케이션들은 이런 질문에는 대답해 주지 못합니다. 당연한 말이지만, 애플리케이션이 필자에게 줄 수 있는 정보는 처음 사용하기 시작했을 때와 달라지지 않았습니다. 필자 스스로의 목표나 질문이 바뀌었지만, 애플리케이션은 그 질문들에 대답해 줄 수 없었습니다.

이런 상황은 비즈니스에서도 많이 일어납니다. 대시보드를 사용하는 사람과 대시보드가 같은 속도로 진화하지 않으면 그 대시보드는 더는 사용되지 않습니다. 여러분의 회사에도 그대로 방치되어 아무도 사용하지 않고, 보지 않는 대시보드가 있지는 않습니까?

이번 절에서는 이런 상황을 피하기 위한 단계를 설명합니다.

KPI 리뷰, 회고

여러분이 대시보드를 설계할 때의 KPI는 설계 시점의 것입니다. 1년 전과 같은 KPI를 그대로 사용해도 될까요?

현재 상황에 맞춰 올바른 KPI를 측정할 것인지 고려해야 합니다. 예를 들어 조직 안에서 사용되는 대시보드에 대한 리뷰를 시작할 때 다음과 같은 관점의 질문을 갖고 있으면 좋을 것입니다.

- 어떤 대시보드를 가장 잘 보고 있는가? 어떤 대시보드를 가장 잘 보지 않는가?
- 예전에는 잘 봤지만, 지금은 잘 보지 않는 대시보드는 어떤 것인가?(대시보드를 설계할 때는 있었던 비즈니스 문제가 해결되었을 가능성이 있음)
- 소수의 사람만 지속적으로 사용하는 대시보드가 있는가?(사용법을 몰라서 이용률이 낮을 가능성이 있음)

이런 질문에 대한 답은 대시보드 뷰(view) 수와 같은 이용 상황 데이터를 확인하면 알 수 있습니다.

오디언스와 대화한다

오디언스와 대화한 가장 마지막 날은 언제였습니까?

만약 그 기간이 꽤 길거나 아무것도 이야기한 적이 없다면 대시보드 앞에서 반드시 이야기를 나누어 보기 바랍니다. 서서 이야기하는 것도 좋고 회의실에서 진중하게 이야기하는 것도 좋습니다. 구체적으로 누가 사용하는지, 어떻게 사용하는지에 관해 이야기를 나눕니다.

하지만 실제로는 대부분의 사람들이 거의 아무런 이야기도 하지 않는 것은 아닐까요? 과거의 필자도 그랬습니다. 필자는 아름답게 정리된, 오디언스가 원하는 정보에 적합한 대시보드를 만들고 나서 '자, 원하던 정보가 모두 들어 있습니다. 여기를 클릭하면 정보를 볼 수 있어요!'라고 말하며 대시보드를 메일로 공유했습니다. 그 후 몇 주가 지난 시점에 뷰 수를 확인하고는 매우 실망했던 것을 기억합니다.

대체 이런 일이 일어나는 이유는 무엇일까요? 그것은 대시보드를 만든 제가 대시보드에 관한 모든 것을 알고 있었기 때문입니다.

- 여러분이 작성자라면 '여러분은' 픽셀 하나하나가 어떤 의미를 가지는지 알고 있습니다. 여러분이 만들었으니까.
- '여러분은' 이 필터를 클릭하면 어떤 데이터가 어떻게 움직이는지 알고 있습니다. 여러분이 만들었으니까.
- '여러분은' 이 산포도의 의미를 알고 있습니다. 여러분이 만들었으니까.

설계에 많은 시간을 쏟은 만큼 여러분의 이해는 자연히 깊어지며 대시보드를 보는 사람, 다시 말해 오디언스에 관해서는 잊어버리게 됩니다.

그런 때는 피드백을 받는 것이 효과적입니다. 다음 개선의 계기를 만들어 줄 것입니다. 오디언스는 모든 것을 적절한 언어로 말해주지는 않지만, 개선의 시작점으로 삼을 만한 효과적인 의견을 줄 것입니다.

오디언스와 대화를 나눌 때의 팁

이 책에서도 설명했지만, 데이터 시각화의 팁이나 방법론에 관한 많은 서적이 있습니다. 그러나 실제 비즈니스 현장에서 데이터 시각화는 표면적인 테크닉보다도 오디언스와의 커뮤니케이션이 핵심일 때가 많습니다. 그 이유가 무엇일까요?

그것은 데이터 시각화뿐만 아니라 분석 및 도구에 관해 자세히 알게 될수록 엔지니어 쪽에서는 '해당 영역을 잘 알고 있는 사람들의 언어'로 이야기하게 되기 때문입니다. 이 책을 여기까지 읽은 여러분은 데이터 시각화에 관해 상위 1%의 지식을 가지고 있을 것입니다. 여러분은 이제 이 책을 읽지 않았던 과거의 상태로 돌아갈 수 없습니다. 하지만 여러분이 비즈니스에서 상대할 사람들은 분석이나 시각화에 관해 잘 알지 못할 수도 있습니다. 그렇기 때문에 데이터나 분석, 시각화에 관해서 '이 영역을 잘 알지 못하는 사람은 어떤 말을 이용해 하고 싶은 것을 전달하려고 하는가?'라는 점에 민감해야 합니다.

많은 사람이 전문지식을 몸에 익히면 사물의 세세한 차이를 인식할 수 있게 되고 올바른 표현에 집착한 나머지 전문적인 언어를 사용하지 않고는 대화를 이어가지 못합니다. 이는 정말이지 유감입니다.

대시보드 개선 관점에 관해서는 다음과 같은 포인트가 중요합니다.

- 아직 오디언스의 언어로 되어 있지 않은 언어를 대상으로 한다.
- 같은 용어라도 사용되는 컨텍스트에 따라 함축된 의미의 차이에 민감해진다.

현실 세계는 항상 바뀝니다. 여러분이 애써 만든 데이터 시각화, 즉 대시보드를 아무도 보지 않는 일이 일어나지 않도록 정기적으로 리뷰나 회의를 계속하기 바랍니다.

또한 오래된 것은 지우고 새로운 것을 넣어 봅니다. 그 과정에서 어떤 것이 비즈니스의 강력한 지원군 역할을 하는지, 그리고 오디언스가 정말 무엇을 필요로 하는지 알게 될 것입니다.

> **칼럼** 다른 종류의 데이터로 연습한다
>
> 지금까지 다양한 표현 기법이나 테크닉에 관해 설명했습니다. 이제 여러분은 살아있는 데이터를 이용해 연습해야 합니다. 즉, 현실에 존재하는 데이터로 현실의 문제를 해결해 니가는 것입니다. 실제 데이터를 통해 배우는 것은 샘플 데이터를 통해 배우는 것과는 비교되지 않습니다.
>
> 여러 종류의 다양한 데이터를 사용해 구체적이고 실전적으로 기술을 익혀 나가십시오. 그러면 표현에 대한 적응력도 향상시킬 수 있습니다.
>
> 여기에서 말한 '여러 종류의 다양한 데이터'란 주제성이나 영역뿐만 아니라, 데이터 그 자체의 형태의 차이를 포함한 다양함입니다.
>
> 현실의 데이터는 대부분 정돈되어 있지 않으며, 여러분이 가진 질문에 대해 어떤 종류의 데이터를 수집해야 하는지 전혀 모를 때도 있습니다. '지금 가지고 있는 데이터를 어떻게 하면 분석할 수 있는가?', '이런 답이 필요할 때는 어떤 데이터를 어떻게 준비해야 하는가?'와 같은 질문에 대한 '정답'의 감도를 높이기 위한 방법은 다양한 데이터를 보고 다룬 경험뿐입니다.
>
> 하지만 여러 종류의 다양한 데이터라고 해도 그런 데이터를 모으기는 매우 어렵게 느껴지기도 합니다. 그런 사람들을 위해 데이터를 얻을 수 있는 몇 가지 소스를 소개합니다. 다음과 같은 오픈 데이터를 조합해 새로운 가치를 창조할 수 있습니다.
>
> - **공개 데이터 제공 사이트**
>
> | | |
> | --- | --- |
> | Data.world | https://data.world/ |
> | Kaggle | https://www.kaggle.com/datasets |
> | Microsoft Research | https://msropendata.com/ |
> | Google Dataset Search | https://toolbox.google.com/datasetsearch |
> | Yelp Dataset | https://www.yelp.com/dataset |

5-5 데이터 활용: 실전에 정말 필요한 요소

이 책은 데이터 시각화 디자인에 관한 책이지만, 원래 데이터 시각화는 최근 자주 들리는 '데이터 활용'이나 '디지털 트랜스포메이션(DX)'과 같은 흐름에서 극히 일부에 지나지 않습니다

데이터 시각화는 데이터를 이용하는 조직의 대처 방법의 하나입니다. 이 책을 통해 모처럼 얻은 지식을 살릴 수 있게 조직에서의 데이터 전략과 관련된 내용을 마지막 절에서 설명합니다. 어떤 조직이라도 데이터 활용 과정에서 헤매는 일은 있습니다. 그럴 때 믿을 수 있는 전체적인 관점에 가치가 있다고 믿습니다.

데이터 활용을 시작하는 시점에서 가장 중요한 4가지 관점

계획 혹은 기획을 만들 때 구체적인 정보나 재료가 없으면 건설적인 계획을 구체적으로 세울 수 없습니다. 그러나 데이터 활용과 관련된 논의의 많은 영역에서 이점을 등한시하기 쉽습니다.

많은 기업이 구체적인 것은 아무것도 없는 상황에서 데이터 활용의 방향성 수립이나 논의를 하려고 합니다. 특히 데이터 활용의 가치는 구체성에 있기 때문에 추상적인 개념을 가지고 이야기하면 헛수고가 될 뿐만 아니라 회의 시간 또한 낭비됩니다.

구체적인 아이디어

데이터 활용 전략이나 계획을 세울 때, '우리 회사의 데이터로 무엇을 할 수 있는가?', '무엇을 할 수 있을 것이라 생각하는가?', '어떻게 볼 수 있는가?', '조직에서 어떤 것을 공유할 수 있는가?', '무엇이 어떻게 동작하는가?'와 같은 가능성을 '구체적'으로 보지 않고 오랜 시간 탁상공론을 벌이는 모습을 자주 봅니다. 예를 들면 이는 도구나 제품 도입을 검토할 때 매우 흔하게 벌어지는 일입니다.

본질적인 과제를 파악해 신속하게 구체적인 프로토타입을 만들기 위해서는 이슈(문제)에 대한 적절한 분석 방법을 선택하고, 목적에 맞는 비주얼라이제이션 애널리틱스를 실행할 수 있는 숙련자가 필요합니다. 또한 무언가 새로운 도구나 제품에 관해 높은 품질의 프로토타입이 없는 상태에서 도입을 검토하면 리스크는 물론 비용도 높아지기 십상입니다.

왜냐하면 새로운 BI 도구를 도입하고자 하는 상황에서 만약 여러분이 엑셀(Excel)만 알고 있다면 새로운 BI 도구를 사용해 엑셀에서 수행하던 작업과 동일한 작업을 하려고 할 것이기 때문입니다. 그 결과 '엑셀 정도의 작업밖에 할 수 없다'고 판단해 버리는 것은 매우 안타까운 일입니다.

구체적인 아이디어를 도출하기 위해서는 이른 시점에 구체적인 프로토타입이 필요합니다.

프로토타입

프로토타입을 만들면 '지금 상태에서 할 수 있는 것'이라는 테두리 밖에서 무언가를 발견할 수 있습니다. 다음 그림과 같은 형태입니다.

■ '지금 상태에서 할 수 있는 것'과 그 이외의 것

프로토타입을 통해 여러분이 일하는 회사의 수준이 향상된 모습을 구체적으로 상상할 수 있으므로, 보다 정밀도 높은 데이터 활용 전략을 세울 수 있습니다.

전략을 세운 뒤에는 전략을 실현하는 데 필요한 다음 요소들에 대해 현실과 이상의 차이를 알 수 있게 됩니다.

① **환경**: 클라우드 환경, 네트워크, OS, 데이터베이스 등

② **분석자의 스킬**: 분석, 설계, 전처리, 비주얼라이제이션, 통계 등

③ **사내 추진**: 워크숍, 추진 부서 설치, 학습 환경, 조직 플랫폼 설계 등

위 항목이 구체적일수록 데이터 활용 전략의 정밀도가 높아지고 전략 추진에 대한 방향성도 확고해집니다.

제품이나 도구도 마찬가지지만, 외부 환경, 내부 환경 등도 1년 또는 반년 정도가 지나면 달라집니다. 기술이나 데이터 세상은 그 변화가 매우 빠릅니다.

변화가 빠른 만큼 신속한 결단을 내려야 하며 이를 위해서도 프로토타입을 빠르게 만들어야 합니다.

샘플 데이터가 아니라 여러분의 회사에 축적된 살아있는 데이터를 이용해 구체적인 프로토타입을 만들고, 분석 가능한 항목에 관해 함께 이야기함으로써 그저 개념적이고 추상적이었던 회의보다 몇 배는 건설적인 논의를 할 수 있습니다.

그리고 조직에 유익한 것 또는 의사결정에 도움이 되는 것을 만든다는 점이 중요합니다. 유익한 것을 만들지 못하면 결국 도움이 되지 않는다고 생각할 것이므로 회사 입장에서는 데이터 활용에 대한 투자 판단을 하지 못하고 다시는 돌아보지 않게 됩니다.

애자일한 발상

모 기업의 A씨로부터 상담을 받은 일이 있습니다. '구체적으로 생각하라고 해도 어떻게 해야 구체적으로 생각할 수 있는지 모르겠다'는 푸념이 섞인 상담이었습니다.

무슨 고민인지 물어보니 '구체적으로 생각하기 위해 필요한 **요건**이나 **목적**을 다듬으려고 해도, 애초에 그런 것은 정해져 있지 않기 때문에 손쓸 도리가 없다'는 대답이 돌아왔습니다.

아마도 그분은 일을 진행하기 위한 요건이나 목적이 이미 확실하게 정해져 있어서 그것을 따르는 업무 방식이 익숙하거나 그렇게 하지 않으면 안 된다고 생각했던 것 같습니다.

이는 워터폴(waterfall)적인 사고방식입니다.

■ 워터폴 방식에서는 공정이 위에서 아래로 흐른다

요구 사항을 완벽하게 정의한 뒤 승인되면 다음 단계로 진행하는 방식입니다. 그러나 구체적으로 아무것도 만들지 않은 상태에서 높은 품질의 '요구 정의'나 '목적'을 다듬기란 거의 불가능합니다.

아무것도 구체적으로 만들지 못한 채 완벽한 계획을 세우려다 그대로 중단되는 경우도 자주 봅니다.

데이터 분석이나 데이터 시각화 영역에서도 다음과 같은 형태가 적합합니다.

■ 데이터 시각화의 이상적인 단계

구체적인 대상에 대해 피드백을 생각함으로써 최종적으로 높은 품질의 '요구 정의'나 '목적'에 도달하기 쉽기 때문입니다. 100번의 회의보다 즉시 만들 수 있는 프로토타입이 사람의 창조성이나 지적 호기심을 몇 배는 자극하며, 그 후 진행할 방향성을 명확하게 결정함으로써 기획의 정밀도를 높여 줍니다.

작은 규모로 시작

무언가 새로운 것을 시작할 때는 먼저 그 가치를 증명해야 합니다. 그러나 구체적인 대상이 없다면 증명하기가 어려울 것입니다. 그런 때는 스몰 스타트 퀵 윈(Small Start Quick Win)을 해야 합니다.

'조금씩 성공을 이어가라'는 의미입니다.

'스몰 스타트 퀵 윈'을 성공시키기 위해서는 각오하고 대상을 골라내야 합니다. 정말 중요한 데이터, 사람, 주제를 골라야 합니다.

우리는 지금까지 아무것도 하지 않았음에도 불구하고, 뭔가 하려고 할 때 갑자기 큰 것을 생각하고 모든 사람, 모든 대상, 모든 주제를 다루려면 어떻게 해야 할지 고민하기 십상입니다.

하지만 그런 생각은 접어두고 선택해야 성공할 수 있습니다. 다음 그림은 혁신의 확산에 관한 매우 유명한 이론(혁신가 이론(Innovator Theory)이라 불립니다)으로, 특정 제품을 구매하는 사람들을 구매 시기가 빠른 순으로 분류한 것입니다.

■ 혁신가 이론에 따른 제품 구매자 분류

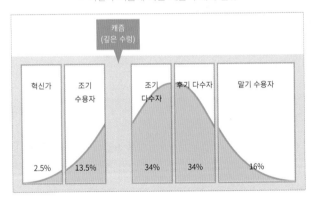

위 그림에서 왼쪽의 두 부류, 다시 말해 '이노베이터(혁신가)'와 '얼리 어답터(조기 수용자)'에게만 전파할 수 있다면 충분합니다. 이를 '캐즘을 넘는다'고 말하기도 합니다. 캐즘이란 제품이 전달될 때 존재하는 수렁을 의미합니다.

그리고 효과적인 사내 프로세스로서 구체적으로는 다음과 같은 것들이 수면 아래에서 일어나기도 합니다.

① 작게 거둔 성공을 사내에 선언한다.

② 그러면 성공 예제를 닮고 싶은 사람들이 같은 패턴을 이용해 반복적으로 성공 예제를 만든다.

③ 같은 성공 패턴이 늘어난다.

④ 다른 패턴으로 데이터를 활용하기 위한 예산을 확보하기 쉬워진다.

⑤ 데이터 활용을 기업의 이익으로 민들고자 하는 일부 경영진이 데이터 활용 추진에 앞장선다.

데이터 활용에서의 캐즘은 실제 살아있는 현장에서는 이처럼 넘어갈 수 있을 것입니다.

덧붙여 ①에서 '작게 거둔 성공'이라고 표현했습니다만, 이 계기를 만든 작업은 조금 촌스럽기도 합니다.

필자의 예를 들면, 데이터를 분석해 제공할 수 있다는 확신이 드는 사업부에 적절한 이유를 붙여서 데이터를 받은 뒤 신속하게 데이터 분석이나 비주얼라이제이션을 진행해서 어느 정도의 시사점이나 임팩트가 있는 시각화 결과물을 전달합니다. 그러면 '와! 이런 것도 할 수 있군요!'와 같은 반응이 옵니다. 지금 시점에서 그 확률은 100%입니다.

이것이 앞에서 설명한 프로토타입을 만들어 '구체적으로 생각한다'는 것의 위력이기도 합니다.

데이터 문화 양성과 문화를 바꾸는 씨앗

거대 IT 리서치 기업인 가트너는 CIO가 '수비'(barrier)보다는 문화를 바꾸어 나가는 '공격'(accelerator) 임무를 담당하게 될 것이라고 발표했습니다.

Gartner predicts by 2021, CIOs will be as responsible for culture change as chief HR officers

URL https://www.gartner.com/en/newsroom/press-releases/2019-02-11-gartner-predicts-by-2021--cios-will-be-as-responsible

이는 조직이 본질적으로 '문화'를 바꾸어야 함을 시사합니다. 여기에서는 어떻게 조직 내 '문화'를 만들고 본질적으로 바꿀 수 있는지에 관해 언급하고자 합니다.

데이터 활용은 시간이 매우 많이 걸리는 큰일입니다.

왜냐하면 사람이 만든 '문화'를 바꾸는 일이기 때문입니다. 여기서 문화란 집합적인 행동이나 사상, 가치관을 의미합니다. 다음은 이를 그림으로 표현한 것입니다.

■ '데이터 문화' 구조

눈에 보이는 표면의 행동을 바꾸더라도 언어화되지 않은 신념, 사상을 바꾸기는 매우 어려운 기술이라는 것은 여러분도 쉽게 상상할 수 있을 것입니다.

하지만 데이터 활용이란 사실상 가장 아래에 있는 신념과 사상을 바꾸는 것이기 때문에 매우 많은 시간이 걸립니다. 많은 사람이 곧바로 효과를 얻으려고 초조해하지만, 하루아침에 효과를 볼 수 있는 것이 아닙니다.

그렇다면 데이터 문화를 양성하기 위한 포인트는 무엇일까요? 여기에서는 그 포인트에 관해 설명합니다.

데이터를 신뢰할 수 있는 토양

쉽게 말하면 모든 사람이 조직의 데이터를 신뢰할 수 있는 상태에 있는 것입니다.

이 관점을 뒷받침하는 키워드로 데이터 거버넌스(data governance), 데이터 카탈로그(data catalog), 서버(server), 퍼미션(permission) 관리 등이 있습니다. 환경이라고 하면 우리는 개별 제품 혹은 도구의 사양에 대해 이야기하기 쉽지만, 그보다 사용자들이 이를 효과적으로 이용할 수 있는 상태를 만드는 것이 중요합니다.

데이터를 다룸에 있어서 데이터 거버넌스나 데이터 카탈로그에 구현되는 '통제(control)'는 중요합니다. 하지만 조직 안에서 데이터를 다룰 때 지나치게 통제하고자 하면 기능성이나 생산성이 순식간에 떨어집니다. 이런 미묘하고 섬세한 설계와 투명성을 유지하지 않으면 데이터는 이내 무용지물이 됩니다.

스스로에게 보이는 데이터를 '신뢰'할 수 없다면 굳이 접근하려고 시도하지도 않을 것입니다.

역량 개발 계획

여기에서는 데이터 분석이나 데이터 실무를 담당하는 사람을 위한 올바른 인재 정책 설계를 강조하고 싶습니다. 여기에는 채용, 사내 교육(연수 기획) 정책, 역량 개발, 평가 관리, 보수 설계 등도 포함됩니다.

개별적이고 구체적인 데이터 분석 요구에 맞춰 그때마다 필요한 인재를 채용할 수 없기 때문에 데이터에 관한 역량 개발의 기반이 필요합니다. 또한 데이터와 관련된 슈퍼스타급 인재를 모두 회사에 둘 수도 없습니다.

많은 기업이 분석 관련 연수 혹은 교육은 모든 직위 및 영역에서 여전히 '선택' 사항으로 취급하고 있으며, '필수'로 하는 기업은 많지 않습니다.

그러나 강한 기업은 어떤 데이터 소스를 사용할 수 있는지, 어떤 도구가 있는지에 관해 경영진 및 관리자가 확실히 이해하고 있다는 느낌을 많이 받습니다. 역량 개발 계획이 효과적으로 이루어지고 있음은 다음과 같은 점들로 확인해 볼 수 있습니다.

- 채용 정보에 각 직위에 적절한 데이터 리터러시 아웃라인을 만든다.
- 각 직위나 영역에 적절한 연수 프로그램을 설계한다.

또한 직위를 막론하고 비판적 사고(critical thinking)와 기초적인 데이터 리터러시(데이터 해석 능력)가 점점 중요해지고 있습니다.

지식 공유 기회

공유할 수 있는 환경(온라인, 오프라인 불문)이나 개념을 만들면 사용자들은 그 커뮤니티를 통해 자연스럽게 학습할 수 있게 됩니다. 스스로의 스킬을 높일 뿐만 아니라 사람들에게 배우고 공유할 수 있게 됩니다.

많은 회사가 이미 기술적인 질문이나 지원을 할 수 있는 통로를 가지고 있을지도 모릅니다. 그러나 커뮤니티의 가장 중요한 점은 기술적인 질문이나 해답이 아니라, 사용자와의 커뮤니케이션을 통해 잠재적인 필요나 걱정, 혹은 우려하는 바를 깨달을 수 있다는 것입니다.

실제로 지금까지 설명한 환경 또는 분석자의 스킬 등은 구체적으로 논의하기 쉽기 때문에 이와 관련된 판단은 즉시 내릴 수 있을 때가 많습니다. AWS나 BigQuert의 사양, 권한 설정, 분석자의 스킬에 관해서도 R이나 Python 등 구체적인 영역에서 의논하기 쉽습니다. 그러나 사내 추진 개념은 추상적이고 조직에 의존적이며 방치되기 십상입니다. 그러나 중장기적으로는 가장 부담이 되는 관점입니다.

만약 여러분 회사에 CoE(Center of Excellence, 전문가 조직)가 만들어진다면 커뮤니티가 거둘 수 있는 '퀵 윈'으로 다음과 같은 것을 확인해 보기 바랍니다.

- 포털 페이지 설치
- 각 도구의 라이선스에 관한 사용자 디렉터리(사용자 정보를 저장하는 장소)를 유지
- FAQ 작성
- 모든 사람이 사용할 수 있는 학습 계획 공유
- 데이터 계열 사내 이벤트 공지

커뮤니티가 존재하면 사람은 서로 도우며 자연스럽게 학습하게 됩니다.

> "The most meaningful way to succeed is to help other people succeed."
>
> (자신이 성공하는 가장 의미 있는 방법은 다른 사람의 성공을 돕는 것이다.)
>
> – 애덤 그랜트

경영진의 헌신

여기에서 헌신(commitment)이란 데이터 활용의 큰 방침에 찬성한다는 표면적인 것이 아니라, 경영진 자신이 그 가치를 깊이 이해하고 스스로 모범이 되는 상태까지 이르는 것을 의미합니다.

데이터 활용과 관련해 경영진의 헌신이 필요한 이유는 다음 3가지입니다.

- 하루아침에 바로 결과가 나오지 않는다.

- 사내 추진이나 역량 개발 등 눈에 잘 보이지 않는 일은 지속적인 지원이 없이 유지되기 어렵다.

- 데이터 활용은 여러 부서와 필수로 연계해야 한다.

이런 이유로 비즈니스 라인(LOB, Line of Business), 애널리틱스, 테크놀로지에 관해 각각 경영진 레벨의 스폰서(sponsor)가 존재하면 데이터 활용을 위한 토양 만들기에 속도가 붙습니다.

또한 데이터 분석을 토대로 하는 포괄적인 데이터 활용에 관해서는 결과가 나올 때까지 시간이 걸리기 때문에, 단기간의 최적화를 생각하는 회사나 단기 ROI를 좇는 데 집중하는 회사에서는 위에서 설명한 헌신이 매우 어려울 것입니다. 돈이 아깝다고 생각하거나 작게 시작해서 성장할 때까지 기다리지 못하거나, 크게 성장했다는 증명이나 설득을 위해 1년 이상 논의를 해야 할 수도 있기 때문입니다.

칼럼 도구 학습에 투자하는 시간 배분이나 우선순위 조정에 관하여

시간은 유한합니다. 어떤 학습에 얼만큼의 에너지를 들이는 것이 좋을까요?

데이터 시각화를 할 때는 대부분 도구를 사용합니다. 엑셀, BI 제품, D3 등 다양한 비주얼라이제이션 도구를 사용할 수 있습니다. 데이터 시각화 기술을 높이기 위해 도구를 익숙하게 사용하는 것은 매우 중요합니다. 왜냐하면 '텍스트 버튼이 어디였지?', '선 그리기는 어떻게 해야 하지?'와 같은 것을 생각해야 하는 수준이라면 이미 분석이 문제가 아니기 때문입니다. 도구를 익숙하게 다루지 못하는 것이 제약이 되지 않게 도구 자체에 대해 학습하고 숙달하는 시간이 필요합니다.

그런 의미에서 도구 학습은 6개월 정도 등으로 짧은 기간에 집중하는 것이 효율적입니다. 사람은 학습한다고 하더라도 자연스럽게 잊어버리는 생물이기 때문에 아무리 긴 시간 학습한다고 해도 필연적으로 잊어버림은 물론, 학습을 계속하고 싶은 마음도 없어집니다. 6개월가량 집중해서 학습함으로써 도구의 기본적인 조작 때문에 고민하는 상태를 벗어날 수 있으며 적어도 분석의 흐름을 멈춰야 하는 상황을 상당히 줄일 수 있습니다.

도구에 어느 정도 익숙해지고 나면 문제 정의 능력, 즉 문제를 찾아내는 능력이 무엇보다 중요합니다. 문제를 정의하지 못하면 그 이후의 모든 단계를 아무리 완벽하게 마무리하더라도, 그 노력은 물거품이 됩니다. 그런 의미에서 비판적 사고, 논리적 사고라 불리는 영역에 대한 기초를 확실히 다짐으로써 데이터 분석의 임팩트를 더욱 크게 만들 수 있습니다. 데이터 분석이든 데이터 시각화든 '지금 가장 먼저 해결해야 할 문제는 무엇인가?'를 확실하게 정의하지 못하면 모든 노력이 허사가 되는 일이 빈번하게 일어납니다.

그러므로 데이터 분석이나 시각화에 관련된 업무를 하는 사람은 '가설 기반 사고', '논리적 사고', '비판적 사고' 영역 등도 학습할 것을 권장합니다.

도구에 숙달되지 않으면 문제 정의가 어렵고, 수단 없이는 과제도 전략도 없습니다.

마치며

지금까지 모든 내용을 읽은 여러분은 이제 데이터 시각화를 이용해 날아오르기 위해 필요한 재료를 갖춘 셈입니다.

다음은 여러분이 스스로 연습할 차례입니다.

골프를 칠 때 고작 스윙 10번 했다고 잘하게 될 리 없습니다. 영어도 책 한 권 정도 읽었다고 잘하게 되지는 않습니다.

마지막으로 전하고자 하는 말은 매우 당연한 것이지만, 데이터에 관한 능력이나 스킬을 단번에 익힐 수 있으리라고 생각하는 사람이 많은 것 같습니다.

이 책은 《데이터 시각화 디자인》이라는 제목으로 쓰였으며 어디까지나 '데이터 시각화'에 관해 설명했습니다. 그러나 좋은 데이터 시각화를 위해서는 앞에서 설명한 것처럼 이외에도 다음과 같은 다양한 스킬이 필요합니다. 진정한 데이터 시각화 기술은 이 모든 것이 높은 수준으로 융합되었을 때 비로소 얻을 수 있습니다.

- 데이터 전처리 및 사전 정형 기술

- 계산, 통계 관련 지식

- 데이터 시각화 기술 및 경험

- 데이터 분석 기술 활용 경험

- 비즈니스 도메인 지식 및 경험

- 강도 높은 사고에 견디는 능력

필자 또한 처음부터 이 모두를 갖추지는 않았습니다. 저는 문과 계열 대학을 졸업했으며, 평소 공부를 열심히 하지 않았기에 함수에 관한 지식은 거의 없다시피 했습니다. 그리고 처음 이 세계에 발을 들인 뒤 많은 고생을 했고, 때로는 바보 취급을 받기도 했습니다. 그러나 제가 경험한 비즈니스 컨설팅 영역, 그리고 앞에서 설명한 기술들을 융합하면 많은 문제를 해결할 수 있다는 확신이 생겼습니다. 앞서 설명한 모든 것을 학습하고 이제는 데이터 분석에 관해 해외 강연이나 기업 강좌까지 하고 있습니다.

이제부터 함께 힘내 봅시다!

필자는 앞에서 설명한 모든 항목을 담은 교육도 제공합니다. 언젠가 교육을 통해 여러분과 만나게 되기를 기대합니다.

덧붙여, 세 가지 부탁이 있습니다.

첫 번째, 괜찮다면 필자(나가타 유카리)의 Twitter 계정 @DataVizLabsPath를 팔로우해 주시면 좋겠습니다. 필자의 발표, 강연, 세미나, 이벤트 및 다른 서적의 정보를 이곳을 통해 알려드리고 있습니다.

두 번째, 이 책의 아마존(Amazon) 리뷰입니다. 여러분이 책을 읽은 소감을 꼭 리뷰로 남겨주시면 좋겠습니다.

마지막 세 번째입니다. 저는 제가 세상을 떠난 뒤에도 제가 삶을 살았던 때와 마찬가지로 데이터 애널리틱스와 관련된 발상이나 비즈니스에 맞는 데이터 시각화 전략 설계를 할 수 있는 구조를 만드는 데 깊은 흥미를 가지고 있습니다. 그런 세상을 꿈꾸며 제가 가진 지식이나 노하우, 기술 등을 무료로 공개하는 'Data Viz Lab'(http://data-viz-lab.com)이라는 미디어를 시작했습니다. 데이터 활용 전략은 물론 도구, 시각화 기술 등과 관련된 아티클을 게재하고 있습니다. 이 사이트도 꼭 방문해 주시면 좋겠습니다.

그럼 잘 부탁드립니다!

참고 문헌

Steve Wexler, Jefferey Shaffer, Andy Cotgreave 저
The big book of Dashboard
Wiley(2017)

Stephen Few 저
Information Dashboard Design: Displaying Data for
At-a-Glance Monitoring
Analytics Press(2013)

Robin Williams 저, 米谷テツヤ 감수 및 번역, 小原司 감
수 및 번역, 吉川典秀 번역
ノンデザイナーズデザインブック
マイナビ出版(2016)

Edward R. Tufte 저
The Visual Display of Quantitative information
Graphics Press(2001)

Stephen Few 저
Show me the numbers: Designing Tables and
Graphs to Enlighten
Analytics Press(2012)

Alberto Cairo 저
The Truthful Art
New Riders(2016)

Andy Kriebel 저
Makeover Monday: Improving How We Visualize
and Analyze Data, One Chart at a Time
Wiley(2018)

Alberto Cairo 저
The Functional Art: An introduction to information
graphics and visualization
New Riders(2012)

Tableau Whitepaper「視覚的分析のベストプラクテ
ィス」
https://www.tableau.com/sites/default/files/media/
Whitepapers/visualanalysisbestpractices_jp.pdf

O Wilke 저
Fundamentals of Data Visualization
O'Reilly Media(2019)

Daniel Kahneman 저, 村井章子 번역
『ファスト&スロー』
ハヤカワ文庫(2014)

Stephen Few 저
Tapping the power of Visual perception
https://www.perceptualedge.com/articles/ie/visual_
perception.pdf

Jason Lankowk, Josh Richie, Ross Crooks 저, 浅野
紀予 번역
ビジュアル・ストーリーテリングーインフォグラフィッ
クが切り拓くビジネスコミュニケーションの未来ー
ビー・エヌ・エヌ新社(2013)

Finantial Times Visual Vocabulary
https://github.com/ft-interactive/chart-doctor/blob/
master/visual-vocabulary/Visual-vocabulary-JP.
pdf

Cole Nussbaumer Knaflic 저
Storytelling with Data
Wiley(2015)

ㅋ - ㅎ